Printed in the United States
By Bookmasters

معجم مصطلحات التربية والتعليم

إعداد
محمد حمدان

الطبعة الأولى
١٤٢٨هـ- ٢٠٠٧م

كنوز المعرفة

رقم الإجازة المتسلسل لدى دائرة المطبوعات والنشر (١٧٧٢/ ٧/ ٢٠٠٥)
رقم الإيداع لدى دائرة المكتبة الوطنية (١٨٢٠/ ٨/ ٢٠٠٥)

٣٧١,٢

حمدان ، محمد

معجم ومصطلحات التربية والتعليم

محمد حمدان – عمان: دار كنوز المعرفة، ٢٠٠٦.

(٢٥٦) ص.

ر.إ: (١٨٢٠/ ٨/ ٢٠٠٥).

الواصفات: التربية / / التعليم / / القواميس /

تم إعداد بيانات الفهرسة والتصنيف الأولية من قبل دائرة المكتبة الوطنية

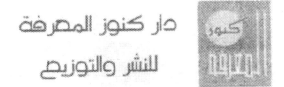

دار كنوز المعرفة
للنشر والتوزيع

الأردن – عمان – وسط البلد – مجمع الفحيص التجاري

تلفاكس: ٠٠٩٦٢ ٦ ٤٦٥٥٨٧٧ – موبايل: ٠٠٩٦٢ ٧٩ ٥٥٢٥٤٩٤ – ص.ب ٧١٢٥٧٧ عمان

E-Mail: dar_konoz@yahoo.com

المقدمـــــة

تتزايد أهمية التربية والتعليم بوقتنا الحالي، نظراً للأهمية القصوى التي تلعبه في تنمية المجتمع.

وللتربية والتعليم أهميتها في تنشئة الأفراد، حيث أن الفرد يتأثر بالمقام الأول بقيمه واتجاهاته، حيث القيم والاتجاهات تتأتى بطرق عدة منها الأسرة بالمقام الأول، والبيئة التي تحيط بالفرد.

ولما كانت الأهمية القصوى للتربية والتعليم في تنمية الفرد، كان اتجاهنا لوضع معجم يضم كثير من المصطلحات المتعلقة بالتربية والتعليم تدعم من يعملون بحقل التربية والتعليم. ولقد جاء هذا الكتاب ليسد النقص بتعريف كثير من المصطلحات المتعلقة بالتربية والتعليم.

أما عن كيفية استخدام هذا المعجم، فقد جاء ترتيبه عشوائياً، حيث المصطلحات جاءت لتخدم من يعمل بحقل التربية والتعليم.

وللمساعدة تم إلحاق الكتاب بفهرس لجميع المصطلحات وذلك تسهيلاً على القارئ .

هذا ونتمنى من الله أولاً ومن القارئ ثانياً بأن نكون قد وفقنا بهذا الكتاب وما رمينا إليه.

والله من وراء القصد

المؤلف

القسم الأول

مصطلحات عربي - انجليزي

الأهداف التعليمية: AIMS, EDUCATIONAL

الاتجـاه الـذي يحـدده المربـون لبعض أو كـل النظـام التعليمـي مكـونين بـذلك الأهداف التعليمية بأعلى مستوى من التوضيح.

الطريقة الألفبائية: ALPHABET METHOD

طريقة تعليم القراءة عن طريق تعريف الدارس بالحروف الهجائية ثم بتركيباتها.

تعاقب الدراسات: ALTERNATION OF STUDIES

خطة فنية تهدف إلى تناوب موضوعات الدراسة أو الأنشطة المقررة في فترات منتظمة، لتجنب زيادة التعب أو ضعف الاهتمام، كأن يتلو موضوع صعب نشاط بدني.

دراسات تكميلية: ALUMNI EDUCATION

نواحي النشاط التعليمية التي تقوم بها الكلية أو الجامعة لصالح الخريجين والطلبة السابقين، وتتضمن دراسات مهنية والمشاكل التي يواجهونها.

خريج:

الطالب الذي أتم الدراسة الجامعية.

الضبط: AMBIDEXTERITY

الصفة التي يتميز بها الفرد من حيث تمكنه من استخدام كلتا يديه با لمستوى نفسه من المهارة.

الطريقة التحليلية: ANALYTICAL METHOD

طريقة البحث التي تبدأ بالتحليل وتؤكده، أي تحاول تجزئة المركب إلى وحداته الأولية.

الطريقة التحليلية – التركيبية: ANALYTIC-SYNTHETIC METHOD

طريقة لتعليم القراءة بتحليل الكلمة أولاً إلى أجزاء مألوفة ثم إعادة تأليفها في وحدة.

خدمات مساعدة: ANCILLARY SERVICES

الخدمات الشخصية التي تعزز البرامج التعليمية كالإرشاد والخدمات الاجتماعية والخدمات السيكولوجية والتأهيل ... إلخ.

علم تعليم الكبار: ANDROGOGY

الاستعداد الأكاديمي: APTITUDE, ACADEMIC

الطريقة الأرسطوطالية: ARISTOTOLIAN METHOD

١-   طريقة تحرى العلاقات بين الخاص والعام في عالم الطبيعة أو في عالم الفكر، وهي عبارة عن البحث عن المفهوم العام أو الكلي عن طريق الاستقراء أو الحس أو الذاكرة الخ، واستخلاص الخاص من العام عن طريق الاستنتاج أو

الاستدال أو التعليل.

٢- تحليل الوقائع أو الظواهر الجزئية، بالاستناد إلى مبادئ وقوانين مسلم بها.

نطق، لفظ: ARTICULATION

إخراج الأصوات أو الألفاظ عن طريق الجهاز الصوتي عند الإنسان، ولا سيما حركة الفكين والشفتين واللسان.

مستوى الطموح: ASPIRATION LEVEL

المستوى أو الهدف الذي يرسمه الفرد لنفسه، ويعمل على الوصول إليه أو هو المستوى الذي يتوقع الفرد أن يصل إليه بناء على تقديره لقدراته واستعداداته.

واجب دراسي: ASSIGNMENT

تعيين الواجب الدراسي المطلوب أن يؤديه الطالب أو مجموعات من الطلبة.

كراسة الواجبات: ASSIGNMENT BOOKLET

كراسة صغيرة يدون فيه الطلبة الدروس والواجبات التي يجب أن يقوموا بها قبل موعد الحصة الدراسية المقبلة.

المماثلة :ASSIMILATION

عملية يقوم بها الفكر للكشـف عـن التشـابه القـائم بـين الظـواهر المتباينـة، أو
العملية التي يقوم الفرد بمقتضاها بتفسير حقيقة أو خبرة جديدة وربطها بالمعرفة
السابقة.

معيد :ASSISTANT-MASTER

الشخص المكلف بتكملة تعليم الأستاذ أي شرح المواد التـي لم تفهـم جيـداً سـواء
عن طريق دروس أو تمرينات تكميلية.

اقتران، ترابط، تداع :ASSOCIATION

علاقة وظيفية بين ظواهر نفسية تنشأ في أثناء خبرة الفـرد، وتؤدي بطبيعتها إلى
أن ظهور الواحدة يستدعي ظهور الأخرى، أو عملية تأسيس هذه العلاقة.

اختبار التداعي أو الترابط :ASSOCIATION TEST

مراقب الحضور :ATTENDANCE OFFICER

المراقب المكلف بدراسة حالات التغيب وتحديد أسبابها واتخاذ الإجراءات اللازمة
لضمان مواظبة الطلبة.

قاعة الاستماع، قاعة المحاضرات :AUDITORIUM

قاعة فسيحة بالكلية أو الجامعة، مزودة بمسرح ومقاعد لعقد الاجتماعات وإلقاء
المحاضرات وعرض الأفلام السينمائية والمسرحيات وغيرها من الأنشطة الثقافية.

الرقابة الذاتية: AUTO-CONTROL

نظام يتيح للطالب أن يراجع نتيجة إنجازه بدون تدخل المدرس، ومـن الوسائل المستخدمة لهذا الغرض بطاقات الإجابات الصحيحة التي تستخدم في التعليم الفردي، والآلات التعليمية في التعليم المبرمج إلخ.

طريقة التنمية الذاتية: AUTO-DEVELOPMENT METHOD

الطريقة التي يحصل بموجبها التلميذ على معظم المعرفة المطلوبة عـن طريق نشاطه وجهوده، وليس عن طريق البيانات التي يعرضها المدرس.

التعلم الذاتي: AUTO-EDUCATION

أسلوب التعلم الذي يستخدم فيه الفرد من تلقاء نفسه الكتب أو الآلات التعليمية أو غيرها من الوسائل، ويختار بنفسه نوع ومدى دراسته، يتقدم فيها وفقاً لمقدرته بدون مساعدة مدرس.

الوعي، الإدراك: AWARENESS

صفة النشاط الشعوري، وغياب الوعي معيار القوى اللاشعورية، والمرء يعي متطلبات الواقع، وقد يعي الإلزام الأدبي الذي يعدل سلوكه ولكنه لا يعي طبيعة ومدى دوافعه الأولية، ربما لأن وعيه بها يخيفه ولا يمكن أن يستسيغه.

مشاكل سلوكية: BEHAVIOUR PROBLEMS

اضطرابات السلوك التي تحدث للفرد وتسبب إزعاجاً له وللمحيطين به، وتحتاج إلى علاج سلوكي لإزالة أسباب الاضطرابات وإعادة التكيف.

السلوك الرشيد: BEHAVIOUR, RATIONAL

السلوك الذي يستند إلى التفكير والاستدلال المنطقي لا إلى الانفعال.

السلوك المستهدف: BEHAVIOUR, TERMINAL

١- يقصد به بصفة عامة السلوك المرغوب فيه من الطالب عندما يتم دورة دراسية أو جانباً كبيراً منها.

٢- يقصد به في التعليم المبرمج السلوك المتوقع أن يكون الطالب قد اكتسبه في نهاية البرنامج أو السلسلة المبرمجة.

توجيه سلوكي: BEHAVIOURAL COUNSELLING

إرشادات تهدف إلى معاونة الفرد على التكيف مع بيئته.

السلوكية: BEHAVIOURISM

نظرية في علم النفس ترتكز على تجارب "وطسن" و"بافلوف" تقوم على درس السلوك الظاهر، وتفترض وجود أساس فسيولوجي لكل سلوك كقاعدة للتعلم، وتستخدم الطرق التجريبية الموضوعية.

المزايا التعليمية: BENEFITS, EDUCATIONAL

المزايا الفردية التي يتم الحصول عليها بتلقي تعليم عال.

المعالجة بالقراءة: BIBLIOTHERAPY

توجيه الفرد إلى قراءة كتب في موضوعات معينة لمعاونته على فهم مشكلته.

ازدواج الثقافة: BICULTURALISM

وجود ثقافتين في أحد المجتمعات مما يستلزم إعداد برامج تربوية خاصة.

التعليم ثنائي اللغة: BILINGUAL EDUCATION

تشجيع استخدام لغتين عن طريق الدروس المدرسية النظامية باللغة القومية وبلغة أخرى.

مقياس بينيه سيمون للذكاء: BINET-SIMON SCALE

مقياس للذكاء تعتمد فكرته على قياس العمليات العقلية العليا، وهي عمليات تركيبية ابتكارية، بعكس العمليات العقلية الدنيا وهي عمليات بسيطة وغير معقدة، ولذلك وضع بينيه أسئلته لتكون عقلية في مضمونها وشكلها، ولتميز بين الأعمار المختلفة، فتزيد صعوبتها شيئاً بزيادة العمر الزمني، وجعل بينيه لكل عمر زمني أسئلة تناسبه، وبذلك حدد العمر العقلي لكل طفل.

الكشافة: BOYS SCOUTS

حركة رياضية اجتماعية تربوية، تقوم على تنظيم الناشئين في فرق تحت إشراف قادة مدربين، وتهدف إلى تعويد الشباب الخشونة والاعتماد على النفس عن طريق الإقامة في الهواء الطلق والحياة الطبيعية.

طريقة بريل: BRAILLE SYSTEM

طريقة للكتابة والطباعة للعميان، وتستخدم الحروف والرموز البارزة، وتنسب إلى مخترعها "بريل".

الدماغ، المخ، العقل: BRAIN

مركز الإدراك والإحساس والجهاز العصبي في الإنسان الذي تصدر عنه التيارات العصبية، وهي التي تنقل إلى الإنسان المعرفة بالعالم الخارجي عن طريق الحواس المختلفة.

استنزاف الكفايات العلمية: BRAIN DRAIN

هجرة الإخصائيين في نواحي نشاط معينة للعمل خارج بلادهم مما يؤدي إلى أضعاف هذه الأنشطة في وطنهم الأصلي.

إثارة الأفكار: BRAIN STORMING

أسلوب من شأنه إثارة التفكير الخلاق لتنمية أفكار جديدة، وذلك عن طريق الجماعات الصغيرة التي يدور فيها النقاش بشأن مشكلة معينة والحلول المقترحة لعلاجها

مراجعة ما تقدم من البرنامج: BRANCHING, BACKWARD

إعادة الطالب في التعليم المبرمج إلى ما سلف من البرنامج لمراجعة إطارات سبق أن اطلع عليها، ولكنه لم يتمكن من فهمها.

الإحالة إلى فقرات البرنامج اللاحقة: BRANCHING, FORWARD

إحالة الطالب في التعليم المبرمج الخطي إلى عدة إطارات مقبلة، إذا أتم بتفوق الإطارات السابقة من البرنامج، أو مطالبته بإعادة دراسة هذه الإطارات إذا لم ينجح في اختباراتها.

البرنامج المتفرع: BRANCHING PROGRAMME

احد أنواع البرامج في التعليم المبرمج، ويقوم على أساس إمكانية الإفادة من استجابة الطالب الخاطئة، وذلك بإعادة شرح المشكلة التي يواجهها والتي أدت إلى خطأ إجابته قبل المضي مرة أخرى في البرنامج.

النباهة: BRIGHTNESS

BRIGHTNESS

درجة المقدرة العقلية العامة، والتي تقرر نسبة الذكاء العام في الفرد.

تمارين الرياضة البدنية: CALESTHENICS

نظام للتدريب الرياضي يهدف إلى تقوية الجسم ومرونته بشكل متوازن.

حرم الجامعة: CAMPUS

الأراضي المقام عليها مباني الجامعة، وكذلك المحيطة بها، ويراعى تجميل هذه الأراضي بالأشجار والزروع.

المقدرة، الوسع: CAPACITY

المقدرة هي أفضل مستوى يحتمل أن يصل إليه الفرد في عمل ما، إذا حصل على أنسب تدريب أو تعليم، وقد تكون بدنية أو عقلية أو يدوية أو مهنية.

القدرة على التعلم: CAPACITY, LEARNING

القدرة على تلقي المفاهيم والمعلومات والمهارات والاحتفاظ بها أي أنها عبارة عن فهم وتفتح العقل، والتي تحدث التغير الكامن والظاهر لسلوك الفرد.

القدرة العقلية: CAPACITY, MENTAL

القدرة العقلية العامة أو الخاصة التي تعزى إلى حد كبير إلى فطرة الإنسان وتكوينه.

طاقة الفصل أو الصف: CAPACITY OF CLASSROOM

١- عدد المقاعد التي يمكن وضعها في الفصل مع ترك المساحة اللازمة للممرات ومائدة للمدرس والأثاث الأخرى.

٢- عدد الطلبة الذي يمكن أن يشغل الفصل، ويحتسب عادة على أساس عدد معين من الأمتار المربعة لمساحة الأرضية لكل طالب أو عدد معين من الأمتار المكعبة من الفراغ لكل طالب.

القدرة على القراءة :CAPACITY, READING

القدرة على إدراك الأفكار من الكلمة المكتوبة أو المطبوعة والتمكن مـن التكيـف البدني والعقلي المطلوبين في عملية القراءة.

حياة مهنية، خط مهني :CAREER

تاريخ الحياة العملية للفرد وفترات العمـل التـي تتكـون منهـا المهنـة الغالبـة في حياته، وانتقاله بين الأعمال المختلفة التي يستقر بها ويتقنها وتدرجه الوظيفي فيها.

سجل الحياة المهنية :CAREER BOOK

سجل يعده الطالب، ويدون به كافة البيانات المتعلقة بالسلك المهني الـذي يـود السير فيه.

الإعداد المهني :CAREER EDUCATION

برنامـج تعليمـي يـزود الطلبـة خـلال سـنوات الدراسـة بالإرشـادات والمعلومـات لإعدادهم للالتحاق بإحدى المهن.

التوجيه الخاص بالخط المهني :CAREER GUIDANCE

التخطيط للسلك المهني الذي يجب أن يتجه إليه الطالب على أسـاس احتياجاتـه وميوله وقدراته، ويتطلب دراسة وافية للطالب التي يصلح لها.

التخطيط للسلك المهني :CAREER PLANNING

قيام الطالب بتخطيط مراحل تقدمه بمعاونة الموجهين

والمدرسين نحو المهم التي يصلح للالتحاق بها.

مؤتمر دراسة الحالة: CASE CONFERENCE

اجتماع الأفراد المشتركين في دراسة حالة، وغالباً ما يتكون من الأخصائي النفسي، والمدرس، والمرشد التعليمي أو المهني، ممرضة المدرسة وذلك لدراسة حالة التلميذ المعروضة واقتراح العلاج الواجب اتباعه.

تاريخ الحالة: CASE HISTORY

دراسة متعمقة لحياة فرد معين منذ طفولته المبكرة حتى الوقت الراهن، وقد يستخدم هذا المصطلح ليشير إلى سجل الخبرة الفردية أو المرض أو التعليم أو العلاج. ويمكن استخدام تاريخ الحالة لفهم سلوك شخص معين أو إلقاء الضوء على طابع أدوار ومواقف اجتماعية معينة.

طريقة دراسة الحالات: CASE METHOD

المنهج الذي يتجه إلى جمع البيانات العلمية المتعلقة بأية وحدة سواء كانت فرداً أو مؤسسة أو نظاماً اجتماعياً أو مجتمعاً محلياً، وهو يقوم على أساس التعمق في دراسة معينة من تاريخ الوحدة أو جميع المراحل التي مرت بها.

سجل حالة: CASE RECORD

الوثيقة التي تدون بها المعلومات والعمليات المهنية الخاصة بالحالة لحفظها من الاندثار والرجوع إليها لتحليل موقف العميل

في المشكلة واتجاهاته في المراحل المختلفة التي مرت بها.

دراسة الحالات: CASE STUDY

الأسلوب الذي يركز فيه اتجاه الدارسين على موقف معين وعلى مشكلاته، حيث تقدم للدارسين حالة واقعية يوصف فيها الموقف وصفاً تفصيلياً، فيقومون بدراسة الحالة، مما يؤدي إلى تنشيط القدرة على التفكير المنطقي والتحليل العميق واتخاذ القرارات.

خدمة الفرد: CASE WORK

إحدى طرق الخدمة الاجتماعية، تهتم بالفرد الذي يعاني مشكلة اجتماعية أو نفسية بالوقوف على تاريخ تطور الحالة.

شهادة الثانوية العامة: CERTIFICATE, SCHOOL LEAVING

الشهادة التي تمنح بعد إتمام الدراسة الثانوية في أحد فروع التخصص: وتخول هذه الشهادة لحاملها الالتحاق بالجامعة بشروط معينة.

الشهادة الإعدادية: CERTIFICATE, SCHOOL LOWER

الشهادة التي تمنح لمن أتموا الدراسة الإعدادية، وتخول لحاملها الالتحاق بالدراسة الثانوية.

منح شهادة: CERTIFICATION

العملية التي يتم بمقتضاها منح شهادة دراسية للطالب الذي يحتاز الآمتحانات والاختبارات المقررة.

السبورة: CHALKBOARD

اللوحة التي تستخدم لتعليم وتدريب مجموعة من الدارسين باستعمال الطباشير وعادة تكون سوداء اللون، وقد تكون خضراء أو من لون يريح العين.

رئيس: CHANCELLOR

١- الرئيس الإداري للجامعة (عادة عدد من الجامعات).

٢- المدير التنفيذي لعدد من مؤسسات التعليم العالي.

٣- لقب شرفي يمنح لرئيس مؤسسة للتعليم العالي عند تقاعده من الرئاسة.

الخلق: CHARACTER

تنظيم متكامل لسمات الشخصية أو الميول السلوكية يمكن الفرد من الاستجابة للعرف وآداب السلوك بطريقة ثابتة نوعاً ما بالرغم مما يعترض هذه الاستجابة من عقبات.

خلق مكتسب: CHARACTER, ACQUIRED

صفة غير موروثة تنجم عن بعض العوامل البيئية أو عن نشاط خاص يقوم به الكائن الحي.

اضطراب الخلق: CHARACTER DISORDER

اختلال في الخلق يدل عليه تذبذب السلوك الإداري وتحوله، وينشأ هذا الاختلال كرد فعل للظروف البيئية غير الملائمة.

نمط خلقي: CHARACTER PATTERN:

نهج منتظم من الأعمال والأفكار والنزعات والاتجاهات يتخذ أساساً للتنبؤ عن السلوك.

أبحاث الخلق: CHARACTER RESEARCH:

البحوث العلمية التي تتعلق بأنواع الخلق والعوامل البيئية والتربوية التي تؤثر في نموه.

طفل نبيه: CHILD, BRIGHT:

الطفل الذي يفوق المتوسط في ذكائه ومقدرته العقلية ويتعلم بسهولة بالنسبة إلى الآخرين.

رعاية الطفولة: CHILD CARE:

الخدمات الوقائية والعلاجية في المجالات الطبية والاجتماعية التي تؤديها للأطفال المؤسسات المقامة لهذا الغرض.

دار حضانة: CHILD CARE CENTRE:

مؤسسة تخصص لحضانة ورعاية الأطفال الذين تشتغل أمهاتهم عادة، وذلك منذ الميلاد حتى سن ٦ سنوات وتجهز طبقاً لمستويات تحددها السلطات المختصة وتخضع لإشرافها أيضاً.

منهاج محوره الطفل: CHILD, CENTERED CURRICULUM:

منهاج يبنى على أساس دراسة نفسية الطفل وطبيعة النمو قصد توفير خبرات تعليمية تراعي حاجاته ورغباته ومستوى نضجه واختباراته السابقة مما يضمن له التعلم الضروري ويساعده على الاستمرار في النمو لبلوغ أقصى حدود التكامل العقلي والعاطفي

والاجتماعي والجسمي.

طفل متخلف عقلياً: CHILD, DEFECTIVE

الطفل الذي يقصر عن السوي، ويتصف بضعف العقل.

نمو الطفل: CHILD DEVELOPMENT

العملية الديناميكية لنشوء وتفاعل التغيرات البدنية والنفسية والاجتماعية التي تصحب نمو الطفل، ولمعرفة هذه التغيرات أهمية كبيرة في تربية الطفل.

الطفل المحروم: CHILD, DISADVANTAGED

الطفل الذي لم يحصل على القدر الكافي من التعليم ومن حاجاته الأساسية.

الطفل البليد: CHILD, DULL

مصطلح عام يطلق على أي طفل بطيء التعلم، مقدرته العقلية منخفضة.

الطفل غير العادي: CHILD, EXCEPTIONAL,

الطفل الذي يختلف بشكل واضح عن الطفل العادي في البنية أو الحواس أو الذكاء أو السلوك الاجتماعي أو النمو الانفعالي، واتجاه الاختلاف قد يكون في أحد الاتجاهين إما إلى الموهبة وإما إلى التخلف.

الطفل الموهوب: CHILD, GIFTED

الطفل الذي يتميز بالذكاء الخارق أو المقدرة الفائقة في مجال معين كالموسيقى مثلاً أو الفن.

التربية الوطنية: CIVIC EDUCATION

١- التربية التي تهدف إلى تكوين المواطن الصالح، وكذلك إحاطته بمشاكل مجتمعه، ومده بالمعلومات الضرورية لتوعيته.

٢- العلم الذي يوضح علاقة المواطن ببيئته الاجتماعية، وما ينشأ عن هذه العلاقة من أنظمة وقوانين وحقوق وواجبات، ويتناول بنوع خاص دراسة مبسطة للقانون الدستوري والإداري.

صف: CLASS

جماعة من الطلبة يجتمعون معاً بانتظام في وقت معين تحت إشراف أستاذ معين.

سجل الصف: CLASS BOOK

سجل لتدوين الدرجات التي يحصل عليها طلبة الصف كما يدون به حضورهم وغيابهم.

فصل الدراسة بالمراسلة: CLASS, CORRESPONDENCE

جماعة من الطلبة مشتركين في الدراسة بالمراسلة، يقومون بالدراسة معاً تحت إشراف مشرف.

يوم الصف: CLASS DAY

اليوم الذي يحتفى فيه بتخريج أفراد الصف.

فصل مسائي :CLASS, EVENING

فصل ليلي يديره أحد المعاهد ليلتحق به الطلبة الذين يعملون وذلك في غير مواعيد عملهم وغير المقيدين في الدراسات النظامية للحصول على مؤهل دراسي أو للحصول على معارف ومهارات معينة.

فصل الخدمات التعليمية العامة :CLASS, EXTENSION

مجموعة من الطلبة الذين يدرسون بعض الوقت في دورات نظامية لدراسة برنامج تحت إشراف معهد أو جامعة أو مؤسسة لتعليم الكبار.

فصل الخدمة التعليمية العامة :CLASS, EXTRAMURAL

تقسيم الدارسين إلى جماعات :CLASS GROUPING

تقسيم طلبة الفصل إلى جماعات طبقاً لميولهم أو قدراتهم لتكييف التعليم مع حاجات كل جماعة.

إدارة الفصل :CLASS MANAGEMENT

إدارة أنشطة الفصل فيما يتعلق بحفظ النظام واستخدام الأدوات التعليمية والإشراف على العلاقات الاجتماعية بين الطلبة.

توجيه الأطفال :CHILD GUIDANCE

أسلوب متخصص في خدمة الفرد يعنى بتشخيص مشاكل الأطفال السلوكية وعلاجها، أو توجيههم إلى المؤسسات المناسبة لرعايتهم.

الطفل غير المتكيف :CHILD, MALADJUSTED

الطفل الذي لا ينسجم سلوكه مع الأنظمة الاجتماعية المعمول بها، أو الذي لا يقبله رفاقه للمساهمة في نشاط الجماعة العادي.

الطفل السوي :CHILD, NORMAL

الطفل المتوسط في تقدمه المدرسي ونموه الجسمي والعقلي والاجتماعي والخلقي أو المتفق مع من هم في مثل سنه في هذه النواحي.

الطفل المشكل :CHILD, PROBLEM

الطفل الذي يتميز سلوكه بالانحراف عن السلوك السوي ويحتاج إلى العلاج عن طريق العيادات السيكولوجية.

طفل متأخر :CHILD, RETARDED

الطفل الذي يقصر في مضمار الدراسة عن الطفل المتوسط، وذلك بسبب تأخر في نموه العقلي أو بسبب بعض العوامل البيئية.

علم نفس الطفل :CHILD PSYCHOLOGY

فرع من علم النفس يختص بدراسة نمو الحياة العقلية للأطفال وسلوكهم العادي أو الشاذ، وذلك منذ الولادة حتى النضج.

رعاية الطفولة :CHILD WELFARE

مجموعة الأنشطة التي تهدف إلى رعاية الأطفال.

تعليم الأطفال :CHILDRENS EDUCATION

التعليم الذي يبدأ منذ المرحلة الأولى للطفولة حتى مستهل مرحلة المراهقين،
وهو عكس تعليم الكبار.

كتب الأطفال :CHILDRENS BOOKS

الكتب التي تستخدم كلمات وأسلوب وموضوعات ملائمة للأطفال.

التكوين الخلقي :CHARACTED STRUCTURE

مجموع السمات الخلقية أو تكاملها التي تكشف عن طائفة من الاتجاهات
والقيم والدوافع والحوافز، ويتميز هذا البناء بتطوره خلال الزمن لأنه نتاج خبرة الفرد.

تدريب الخلق :CHARACTER TRAINING

تنمية العادات والاتجاهات والقيم المختلفة والمثل العليا عن طريق التعليم
والتوجيه والقدرة وتهيئة المواقف التي تصدر فيها الأحكام الخلقية.

علم الطباع :CHARACEROLOGY

العلم الذي يبحث في الطباع ومعرفة الخواص الأساسية التي تكون شتى الطباع،
وإظهار المميزات التي يمكن عن طريقها تصنيف طباع الأفراد، ومدى إمكان تطبيق
هذه الحقائق في الصحة النفسية والتعليم والتوجيه المهني والسياسة وعلم الإجرام إلخ.

طفل شاذ: CHILD, ABNORMAL

الطفل الذي ينحرف من ناحية ما أو عدة نواح عقلية أو جسمية أو اجتماعية أو عاطفية، انحرافاً بيناً عن العرف السوي بالقياس إلى جماعته، فيكون مشكلة خاصة من حيث تربيته أو تكامله أو سلوكه.

طفل متقدم: CHILD, ACCELERATED

١- الطفل الذي يفوق نموه العقلي أو تعلمه متوسط نمو من هو في مثل سنه.

٢- الطفل الذي وصل إلى صف معين قبل السن الذي يصل فيها الأطفال العاديون إلى ذلك الصف.

طفل متبن: CHILD, ADOPTED

الأطفال الذين فقدوا عائلاتهم الطبيعية أو الذين ليس لهم عائلات، وتتبناهم أسر أخرى وتحيطهم بالرعاية المادية والنفسية الملائمة.

وبالتبني يصبح الطفل عضواً في الأسرة المتبنية وله عليها نفس الحقوق والواجبات التي للطفل الشرعي.

طفل غير اجتماعي: CHILD, ASOCIAL

الطفل الذي لا يستطيع أن يتفهم أو يقدر العادات الاجتماعية القائمة أو العلاقات الاجتماعية والقوانين الخلقية المتبعة.

طفل متخلف :CHILD, BACKWARD

١-   الطفل المتأخر في القدرة العقلية العامة.

٢-   الطفل الذي لا يستطيع أن يتمشى مع منهاج الدروس الذي وضع لأغلبية الأطفال الذين هم في سنه.

٣-   الطفل الذي لم يتقدم في النمو والتكامل في ناحية من نواحي الحياة تقدماً طبيعياً سوياً.

جهاز تسجيل الصوت على كاست :CASSETTE RECORDER

جهاز توضع به أشرطة من البلاستك لتسجل عليها الأصوات المختلفة وإذاعتها عند الحاجة ويستخدم في التعليم على المستويين الفردي والجماعي.

التنفيس الإعلائي :CATHARSIS

إطلاق المشاعر المكبوتة عن طريق التعبير عنها أو التسامي بها أو التعويض ألخ.

الشحنة الانفعالية :CATHEXIS

استغراق الطاقة الانفعالية، وإثارتها حول موقف أو شخص أو فعل أو حادثة، ويشير المصطلح إلى درجات متفاوتة في الاهتمام والانتباه، أو لتوضيح الهدف الذي يتجه نحو تحقيقه سلوك معين.

الرقابة: CENSORSHIP

في التحليل النفسي العامل أو العوامل الخاصة التي تعمل على كبت بعض الرغبات والذكريات والحيلولة دون ظهورها إلى نطاق الشعور.

مركز تعليم الكبار: CENTRE, ADULT EDUCATION

المكان المعد لتعليم الكبار، وتشرف عليه المدارس أو الجامعات أو المنظمات أو المنشآت الصناعية، ويقيم الدارسون في بعض هذه المراكز.

محور الاهتمام: CENTRE OF INTEREST

ما يبديه التلميذ من اهتمامات بصرف النظر عن حدود المواضيع التي تدرس كالقراءة والتمثيل والموسيقى إلخ.

شهادة إتمام الدراسة: CERTIFICATE, EDUCATIONAL

الشهادة التي تمنح بعد إتمام مقرر دراسي معين.

شهادة إثبات الحضور: CERTIFICATE OF ATTENDANCE

شهادة إدراية تشهد بحضور الطالب برنامج دراسي بصفة منتسب، أو تشهد للجهة التي تطلبها كمحكمة أو غيرها حضور الطالب إلى المعهد الدراسي في يوم أو ايام معينة.

شهادة إتمام البرنامج: CERTIFICATE OF COMPLETION

إقرار مكتوب يعطي للملتحقين بفصول التعليم المهني بعد أن يتموا بنجاح برنامجاً دراسياً، وتعطى هذه الشهادة عندما لا تكون البرامج معدة بهدف الحصول على مؤهل، وتسمى أحياناً شهادة التدريب.

الإذاعة التعليمية أو المدرسية: BROADCAST, CLASSROOM

١- برنامج إذاعة يستمع إليه خلال ساعات الدراسة بالمدرسة كجزء من العملية التعليمية.

٢- درس إذاعي معد خصيصاً بهدف تكملة شرح الموضوع الذي يقوم به المدرس أو الوارد بالكتاب المدرسي.

دليل دروس الإذاعة: BROADCAST, LESSON GUIDE

مواد الاذاعة المعدة مقدماً بهدف المعاونة على الاستماع للإذاعة ومتابعتها وتتضمن غالباً أسئلة يطلب من المستمع الإجابة عليها.

الإذاعة: BROADCASTING

نقل البرامج الترفيهية والتثقيفية إلى الجمهور لاسلكياً عن طريق موجات الإذاعة حيث يستمع إليها عن طريق أجهزة الاستقبال.

تنظيم الوقت: BUDGETING, TIME

تخطيط الاستخدام الفعال للوقت، سواء في الساعة أو اليوم

أو الأسبوع أو في فترات أوسع، وذلك بتخصيص وقت لأنشطة المدرسة، وللدراسة وللترويح وللمسئوليات الشخصية وللراحة إلخ...

لوحة الإعلانات: BULLETIN BOARD:

لوحة توضع عليها الإعلانات والصور وغيرها ليطلع عليها الجمهور المعني.

مكتب البحوث: BUREAU OF RESEARCH:

المكتب الذي ينشأ عادة داخل الجامعة أو الجمعيات العلمية بهدف القيام بالبحوث.

جلسة مناقشة حرة: BUZZ SESSION:

مناقشة غير رسمية لموضوع أو مسألة لفترة قصيرة نسبياً، وتقوم بها جماعة صغيرة منبثقة من جماعة أكبر لمناقشة أفكار جميع الأفراد، ثم التقدم برأيها شفوياً أو كتابةً للجماعة الأكبر لتكون موضع اعتبارها.

التخطي: BYPASSING:

أحد أساليب التعليم المبرمج، حيث يتيح للدارس تخطي بعض أجزاء المواد الدراسية لما يحوزه من معرفة سابقة أو قدرة كبيرة على التعلم.

الطريقة البيوجرافية: BIOGRAPHICAL METHOD:

طريقة تنظيم المواد التاريخية للأهداف التعليمية، بتركيز الاهتمام على أشخاص ذوي أهمية تاريخية.

مجلس التعليم :BOARD OF EDUCATION

المجلس المنتخب أو المعين المسئول عن إدارة شئون التعليم في أحد المناطق.

وسائل الإقامة الكاملة :BOARDING ACCOMODATION

التسهيلات التي توفرها المؤسسة التعليمية لإقامة الطلبة بها بتوفير وسائل النوم
وتناول الطعام إلخ.

مدرسة داخلية :BOARDING SCHOOL

منشأة تعليمية في مستوى التعليم الابتدائي أو الثانوي يقيم فيها التلاميذ
المقيدون للدراسة بها، وهي بذلك تختلف عن المدرسة التي يحضر إليها التلاميذ للتعلم
ثم يعودون منها في نهاية اليوم.

التعلم من الكتب :BOOK LEARNING

شكل الخبرة التي يتم الحصول عليها عن طريق القراءة.

المكتبات المتنقلة :BOOKMOBILES

سيارة تضم مكتبة تتبع أحد أجهزة نشر الثقافة، وتعمل على تشجيع الاطلاع في
المناطق البعيدة عن المدن وخاصة المناطق الزراعية، وتقوم بإعارة الكتب للقراءة.

الملل : BOREDOM

حالة نفسية يشعر معها الفرد بالضيق بشيء ما، والميل إلى الانصراف عنه، وخاصة عند اضطرار الفرد إلى الاستمرار في عمل لا يميل إليه.

الإصلاحية : BORSTAL INSTITUTION

منشأة تعرف بإنجلترا بهذا الاسم لإقامة وإصلاح الأحداث المنحرفين الذين يتراوح سنهم بين ١٥ و٢١ سنة وإعدادهم عن طريق برامج التعليم والتدريب الصناعي.

سن الصبا : BOYHOOD

مرحلة ما قبل المراهقة بين سن ١٠ و١٣ سنة، وتمتاز هذه المرحلة باطراد نمو الجسم والنشاط وظهور الميول المختلفة، كما قد تحدد هذه المرحلة باطرد نمو الجسم والنشاط الكبير وظهور الميول المختلفة، كما قد تحدد هذه المرحلة بداية الانفصال عن سلطة الأبوين وتأثر الصبي بسلطة العصبة التي ينضم إليها.

مرحلة الطفولة الأولى : BABYHOOD

المرحلة التي تنتهي عند بلوغ الطفل السن الثالثة من عمره، ويحتاج الطفل في هذه المرحلة إلى عناية خاصة، حيث يعتمد نموه الفسيولوجي اعتماداً كلياً على أمه عن طريق الرضاعة الطبيعية أو الصناعية.

درجة البكالوريوس: BACHELORS DEGREE

درجة جامعية تمنح في تخصص معين وتستغرق الدراسة بها نحو أربع سنوات.

التخلف: BAXKWARDNESS

توقف نمو الفرد عند مستوى معين يجعله متأخراً كثيراً عن أقرانه.

تعليم أساسي: BASIC EDUCATION

البرامج التعليمية التي تلبي الحاجات التعليمية الضرورية للأفراد الذين تعدوا
سن الدراسة لتتيح لهم المساهمة في حياة المجتمع وفي تنميته، وتتضمن تعليم القراءة
والكتابة والحساب، ومبادئ الصحة إلخ.

مجموعة اختبارات: BATTERY OF TESTS

مجموعة اختبارات قننت على مجتمع واحد، وكجزء من برنامج موحد للاختبار
حتى يمكن استعمال نتائج كل من هذه الاختبارات للمقارنة.

السلوك: BEHAVIOUR

أي فعل يستجيب به الكائن الحي برمته لموقف ما استجابة واضحة للعيان،
وتكون عضلية أو عقلية أو كلاهما معاً، وتترتب هذه الاستجابة على تجربته السابقة،
وقد يكون السلوك فطرياً أو مكتسباً.

سلوك مضاد للمجتمع: BEHAVIOUR, ANTI SOCIAL

السلوك الذي يتميز بكراهية للقيود والقوانين الاجتماعية ويعمد إلى الخروج عليها.

عيادة السلوك: BEHAVIOUR CLINIC

العيادة المخصصة لدراسة مشكلات الأطفال الانفعالية واضطراباتهم النفسية وعلاجها.

نمط سلوكي: BEHAVIOUR PATTERN

مجموعة من الاستجابات تبدو للملاحظ كأن بينها وحدة داخلية.

معدل المواظبة: ATTENDANCE RATE

نسبة الطلبة المواظبين إلى مجموع الطلبة الملتحقين بالدراسة في معهد أو برنامج دراسي.

سجل المواظبة: ATTENDANCE RECORD

السجل الذي تدون به البيانات الخاصة بمواظبة كل طالب، وكل ما يتعلق بالغياب والتأخير.

تذبذب الانتباه: ATTENTION, FLUCTUATION OF

تحول الانتباه عن موضوع ما أثناء القيام بعمل ما بحيث يؤثر ذلك في نتائج ذلك العمل.

مدى الانتباه: ATTENTION SPAN

كمية المادة المستوعبة في فترة قصيرة من الوقت، أو الفترة الزمنية التي يستغرقها انتباه المرء لموضوع أو حادث واحد.

الاتجاهات: ATTITUDES

الاتجاه حالة من الاستعداد أو التأهب العصبي والنفسي تنظم من خلاله خبرة الشخص، وتكون ذات أثر توجيهي أو دينامي على استجابة الفرد لجميع الموضوعات أو المواقف التي تستثير هذه الاستجابة.

اختبار الاتجاهات: ATTITUDES TEST

الأجهزة السمعية: AUDIO EQUIPMENT

مقياس قوة السمع: AUDIOMETER

أداة يختبر بها السمع ودرجات حدته.

المعينات السمعية – البصرية: AUDIOVISUAL AIDS

أية أداة يمكن بواسطتها القيام بعملية التعليم أو دعمها عن طريق حواس السمع والبصر.

تعليم سمعي – بصري: AUDIOVISUAL EDUCATION

التعليم الذي يقوم على استخدام جميع الوسائل (ما عدا الكتب) التي تناشد مباشرة حواس السمع والبصر كالخرائط والنماذج والأفلام الثابتة والأفلام المتحركة والأشرطة والأسطوانات الصوتية إلخ.

الخدمات السمعية - البصرية :AUDIOVISUAL SERVICES

الخدمات التي تقدم لهيئة المدرسين والطلبة المتعلقة بالوسائل السمعية والبصرية وتتضمن العناية بها وتوفيرها كالأفلام والأشرطة التسجيلية وغيرها.

الطريقة القصصية :ANECDOTAL METHOD

١- محاولة لتحليل سلوك الطالب ودرسه تعتمد على تقارير مسجلة لحوادث منفصلة في الزمن.

٢- طريقة يسجل بواسطتها المعلم سلوك الطالب واستجاباته عند وقوعها لكي يستعين بها مرشد الطالب عند تحليل سلوكه.

الأنثروبولوجيا التربوية ANTHROPOLOGY, EDUCATIONAL:

العلم الذي يدرس التربية من زاوية أصولها الثقافية، كما يدرس ظاهرة التغيير الثقافي، وثقافة المجتمع البدائي وخصائصه ومقارنتها بثقافة المجتمع الصناعي الحديث.

تفهم، استيعاب :APPERCEPTION

آخر مراحل الإدراك الانتباهي، حيث تتضح المدركات الحسية في الذهن، كما يقصد به العملية الذهنية التي تؤدي إلى ذلك.

التطبيق :APPLICATION

استخدام الأفكار العامة والمبادئ النظرية والنظريات في المواقف الملموسة والعملية.

التحصيل:

عملية تركيز الانتباه على موضوع ما وتحصيله، لا سيما إذا كان مكتوباً أو مطبوعاً.

استمارة الالتحاق: APPLICATION BLANK FOR ADMISSION:

استمارة تدون بها البيانات الدراسية والشخصية الخاصة بالطلبة المتقدمين للالتحاق بالمعهد أو الكلية أو المطلوب نقلهم من معهد أو جامعة إلى معهد أو جامعة أخرى.

دروس التذوق: APPRECIATION LESSON:

الدروس التي تؤكد على القيم الجمالية، وتنمية الإحساس بالجمال، وإدراك أساليب الفن.

الفهم، التصور: APPREHENSION:

إدراك الأمور إدراكاً مجملاً.

تلمذة صناعية: APPRENTICESHIP:

النظام الذي يتدرب بمقتضاه الصبي على المهنة أو الحرفة التي تحتاج إلى مهارة عالية بإحدى المنشآت أو مراكز التدريب المهني.

استعداد: APTITUDE:

القابلية الفطرية لاكتساب معرفة معينة أو مهارات عامة أو خاصة أو نمط من الاستجابات، بحيث يمكن للفرد الوصول إلى درجة من الكفاية أو المقدرة إذا لقي التمرين الكافي.

اختبار التحصيل: TEST, ACHIEVMENT:

الاختبار الذي يقيس تحصيل الفرد في موضوعات معينة أو إتقان مهارات في ميدان ما ومدى استفادته من التعلم والخبرة ومدى استفادته من التعلم والخبرة بالنسبة للآخرين من زملائه، وفي بعض الأحيان يهدف إلى تشخيص نواحي النقص في هذه الموضوعات أو في بعض المهارات الأساسية.

اختبار الاستعداد: TEST, APTITUDE:

سلسلة من الاختبارات المقننة هدفها إعطاء تقدير كمي لقدرة المفحوص على النجاح في المستقبل في نوع معين من النشاط.

اختبار التداعي أو الترابط: TEST, ASSOCIATION:

الاختبار الذي يقيس قدرة المتعلم على ربط المعنى بالكلمات.

اختبار الموقف النفسي أو الاتجاه النفسي: TEST, ATTITUDE:

اختبار لقياس الاستعداد الذهني والعاطفي للاستجابة لمبدأ أو قضية ما، كاختبار الموقف تجاه الحركة النسائية مثلاً، أو اختبار الموقف تجاه التربية الحديثة.

اختبار المجسمات: TEST, BLOCK DESIGN:

نوع من الاختبارات العملية يطلب فيه من الفرد أن يكون شكلاً محدداً من مجسمات ملونة، ويستخدم هذا النوع من الاختبارات في قياس الذكاء.

اختبار الشطب :TEST, CANCELLATION

اختبار مكون من حروف هجائية أو أرقام أو كلمات أو أشكال هندسية أو رموز أخرى، وعلى الفرد أن يشطب ما يطلب إليه شطبه من تلك الرموز.

اختبار السبب والأثر :TEST, CAUSE-AND-EFFECT

اختبار لاختيار السبب الصحيح لأثر ما أو الأثر الصحيح لسبب ما.

اختبار الخلق :TEST, CHARACTER

الاختبار الذي يمكن من التنبؤ بخلق الفرد عن طرق قياس عينة من عينات سلوكه الفعلي.

اختبار التصنيف :TEST, CLASSIFICATION

اختبار يتطلب من المختبرين أي من الأشياء تنتمي إلى بعضها كالرسومات أو الكلمات وذلك لشطب تلك التي لا تنتمي إلى بعضها البعض.

اختبار التكميل :TEST, COMPLETION

اختبار يهدف لمعرفة مستوى المعلومات العامة وهو عبارة عن فقرة تنقصها بعض الكلمات يطلب من المختبر أن يستكمل هذه الكلمات.

اختبار الاستيعاب :TEST, COMPREHENSION

اختبار لقياس الطاقة على الفهم العام وتتبع العلاقات القائمة بين الأشياء، وغالباً ما يستعمل لقياس الطاقة على فهم النصوص المكتوبة.

اختبار التشخيص :TEST, DIAGNOSTIC

١-   اختبار لتحديد مقدار النقص والضعف في مادة معينة عن طريق الإجابة على عدد معين من التمارين المكتوبة مما يساعد في اتخاذ الوسائل العلاجية الممكنة.

٢-   وسيلة لقياس مقدار النمو في نواح مختلفة من الشخصية أو جانب منها.

اختبار تعليمي :TEST, EDUCATIONAL

أي اختبار يستخدم فيما يتعلق بالأنشطة التعليمية.

اختبار السرد :TEST, ACHIEVEMENT

اختبار يتضمن كتابة أكثر من كلمة واحدة أو عبارة واحدة إجابة على سؤال واحد.

اختبار المقال :TEST, ESSAY

اختبار يطلب فيه التعبير الحرفي كتابة عن سؤال ما، وفي هذا النوع قد يطلب من التلميذ أن يناقش ويقارن ويوضح إلخ.

اختبار يتطلب الإجابة الجازمة :TEST, FORCED CHOICE

اختبار يستلزم الإجابة بنعم أو لا.

اختبار الذكاء العام :TEST, GENERAL INTEOLLIGENCE

اختبار لقياس الطاقة العامة على الإدراك واكتساب المعارف والتبصر بالعلاقات
وحل المشكلات المستجدة.

اختبار جماعي :TEST, GROUP

اختبار يجريه ممتحن واحد على مجموعة من الأفراد في وقت واحد.

اختبار التعرف :TEST, IDENTIFICATION

اختبار شفوي يشير فيه الممتحن إلى شيء أو إلى جزء من صورة ويطلب من
المفحوص أن يذكر اسم هذا الشيء أو الجزء أو بالتالي يتعرف عليه.

اختبار الصور الناقصة :TEST, INCOMPLETE-PICTURES

اختبار يستخدم سلسلة من الرسوم، كل منها يفصح أكثر فأكثر عن الشيء موضوع
الصورة، وتنحصر مهمة المفحوص على التعرف عليه بأسرع ما يمكن.

اختبار الجمل الناقصة :TEST, INCOMPLETE-SENTENCES

جزء من اختبار لقياس الذكاء العام، تقدم فيه الجمل للمفحوص ناقصة فيقوم
بتكملتها.

اختبار عادي: TEST, INFORMAL

اختبار يعده عادة المدرس ليجريه في فصل معين أو في مدرسة معينة.

اختبار معلومات: TEST, INFORMATION

اختبار يهدف إلى تكوين فكرة عن المعلومات المفحوص في ميادين مختلفة أحياناً، أو في ناحية معينة غالباً، ولا يقصد به معرفة ما حصله المفحوص بعد دراسته لتلك الناحية (إذ يستخدم في هذه الحالة اختبار التحصيل) وإنما يهدف إلى معرفة استعداد الشخص لتلقي دراسة في تلك الناحية أو الاشتغال بها.

اختبار الذكاء: TEST, INTELLIGENCE

اختبار لقياس القدرة العقلية للفرد، ومعرفة الفرق بين إمكانياته وأدائه.

اختبار الميول: TEST, INTEREST

اختبار لقياس ميول الفرد واهتماماته وما يفضله، والاسترشاد به في التوجيه المهني.

اختبار القراءة والكتابة: TEST,LITERACY

اختبار لقياس القدرة على القراء ة والكتابة.

اختبار المزاوجة: TEST, MATCHING

اختبار يتضمن كتابة كلمات او عبارات في قائمة على يمين

الصفحة ويكتب في قائمة ثانية على الصفحة ذاتها كلمات أو عبارات تتمشى كل منها أو تتفق في مدلولها مع كلمة أو عبارة من التي توجد في العمود الأول ويطلب من الممتحن وضع الرقم الذي يدل على هذا الاتفاق.

اختبار متعدد الاختيار :TEST, MULTIPLE-CHOICE

الاختيار بين عدة أجوبة حيث يكون واحد منها فقط هو الصحيح أو اختيار أحسن إجابة من إجابات عديدة مختلفة.

اختبار غير لفظي :TEST. NONVERBAL

اختبار يعتمد على أسئلة أو على أوضاع تخلو من عامل اللغة.

اختبار موضوعي :TEST, OBJECTIVE

اختبار ينظم بطريقة ينتفي فيها مجال التأويل الشخصي في التصحيح.

اختبار مهني :TEST, OCCUPATIONAL

اختبار لقياس درجة التحصيل أو الاستعداد لمهنة ما.

اختبار شفوي :TEST, ORAL

الاختبار الذي تلقى فيه الأسئلة وتتم الإجابة عليها شفوياً.

اختبار الأداء :TEST, PERFORMANCE

اختبار يطلب فيه من المفحوص أن يؤدي عملاً، وليس أن يقول شيئاً، حيث يقل استخدام اللغة بشكل كبير، إذا لم يمنع

كلية، ويلقى هذا الاختبار ضوءاً على قدرة الشخص على التعامل مع الأشياء وليس مع الرموز، أي على الذكاء المدرك بالحواس.

اختبار الشخصية :TEST, PERSONALITY

اختبار لقياس النواحي المزاجية أو الانفعالية أو الاجتماعية أو الاتجاهات المختلفة للفرد.

اختبار انتقائي :TEST, SELECTIVE ANSWER

اختيار جواب لسؤال من بين أجوبة متعددة.

اختبار التسلسل والترتيب :TEST, SEQUENCE

اختبار يتضمن كتابة عبارات ويطلب من الممتحن ترتيبها زمنياً أو منطقياً أو إقليمياً إلخ بوضع الأرقام الدالة على ذلك.

اختبار أوجه التشابه :TEST, SIMILARITIES

اختبار أوجه التماثل بين موضوعين بحيث يطلب من المفحوص أن يعدد هذه الأوجه، أو هو اختبار ترتب فيه الموضوعات في جداول طبقاً لتشابهها أو تماثلها.

اختبار القدرات الخاصة :TEST, SPECIAL ABILITIES

اختبار لقياس قدرة أو مجموعة من القدرات.

اختبار المواقف :TEST, SITUATIONAL

اختبار لتقويم تكيف الفرد بملاحظة سلوكه في مواقف مختلفة.

اختبار الصواب والخطأ: **TEST, TRUE AND FALSE**

اختبار يحدد فيه الفرد أي المواقف المعطاة صحيحة وأيها خطأ.

اختبار المفردات: **TEST, VOCABULARY**

اختبار عقلي لمعرفة ما يختزنه الفرد من المفردات، بأن يؤشر على ما يعرف معناه من مئات الكلمات التي تعطى له، أو أن يعرف ما يعطى من كلمات أو أن يؤثر على أقرب المعاني للكلمة وهو جزء من اختبار قدرة الشخص أو تحصيله اللغوي.

كتاب مدرسي: **TEXTBOOK**

الكتاب الأساسي في يد التلميذ والمرجع الأول في المادة التي يدرسها وتقرره عادة السلطة التعليمية.

المسرح المدرسي: **THEATRE, SCHOOL**

يفيد المسرح المدرسي في تربية الذوق الأدبي والجمالي.

وهناك ثلاثة أنواع من المسرح المدرسي وهي التمثيل للأطفال والشباب والتمثيل الذي يقوم به الأطفال والشباب والتمثيل الذي يقوم به الأطفال والشباب للأطفال والشباب.

الأسلوب النظري: **THEORITICAL APPROACH**

فحص القضايا بطريقة تجريدية وتفسير الأمور على ضوء المبادئ العامة.

الرسالة: THESIS

عرض منهجي يتضمن نتائج دراسة أو بحث، وقد تقدم كشرط من شروط الحصول على درجة علمية.

التفكير: THINKING

مجرى معين من المعاني والرموز العقلية التي تثيرها مشكلة أو يقتضيها موقف للوصول إلى نتيجة ما، وعمليات التحكم والتجريد والتصور العقلي والاستدلال من مظاهر التفكير بأضيق معانيه، ويشمل التصور الحسي والتخيل والتذكر إذا قصدنا المعنى الأوسع.

التفكير القياسي: THINKING, ANALOGICAL

التفكير المبني على الافتراض أي التوصل إلى تكوين رأي أو فكر عن شيء مجهول على أساس القياس بشيء معروف.

التفكير التوحدي: THINKING, AUTISTIC

أحلام اليقظة أو التخيلات التي يحاول المرء من ورائها أن يحقق رغبات لم يستطع بلوغها في العالم الواقعي.

التفكير البديهي: THINKING, AXIOMATIC

التفكير الذي يستنبط النتائج المنطقية من البديهيات المقبولة.

التفكير التصوري: THINKING, CONCEPTUAL

النشاط الذهني القائم على المفاهيم المجردة دون الرجوع إلى المواقف الملموسة.

التفكير الإبداعي: THINKING, CREATIVE

التفكير الذي يخلق شيئاً جديداً ويتحرى أوضاعاً جديدة ويتوصل إلى حلول جديدة لمشاكل قديمة أو يولد أفكاراً مبتكرة.

التفكير النقدي: THINKING, CRITICAL

التفكير الذي يقوم على التقييم الدقيق للمقدمات والأدلة ويتدرج بطريقة موضوعية إلى النتائج الصحيحة بعد درس جميع العوامل التي تمت إلى الموضوع بصلة واستخدام أساليب المنطق الصحيحة.

التفكير الموجه: THINKING, DIRECTED

التفكير الذي يتجه وجهة معينة بناء على اقتراح طرف آخر.

التفكير العملي: THINKING, FUNCTIONAL

التفكير الذي يقوم على اعتبار العلامات الظاهرة أو الضمنية في عملية استنباط النتائج أو الوصول إلى الأغراض المرجوة.

التفكير التأملي :THINKING, REFLECTIVE

التفكير الذي يلتزم قواعد المنطق ويقوم على البحث المتواصل الدقيق.

التفكير العلمي :THINKING, SCIENTIFIC

التفكير الذي يعتمد على الوقائع التي يمكن التحقق منها وليس على الأقوال التي لم تثبت صحتها.

البرنامج الزمني :TIME SCHEDULE

خطة مكتوبة معدة مقدماً تبين الأنشطة التي يجب القيام بها خلال كل فترة من الفترات المدرسية اليومية أو الأسبوعية أو الشهرية أو السنوية.

اللعب :TOYS

اللعب التي يستخدمها الأطفال ليس فقط للعب والمتعة ولكن أيضاً للحركة والنمو البدني والعقلي والاجتماعي، ويجب أن تعد لتلبي احتياجات مختلف القدرات وأنواع الاهتمامات.

التعليم الفني :TRADE EDUCATION

التعليم المعد لتنمية المهارات اليدوية والمعرفة الفنية بهدف الإعداد لمختلف المهن الصناعية.

مدرس صناعي :TRADE INSTRUCTOR

الشخص الحائز على خبرة العامل الماهر من ناحية، والقدرة

التربوية من ناحية أخرى، ويقوم بتلقين المتدربين المهارات العملية في وحدة تدريبية مستقلة أو ملحقة بالوحدات الصناعية أو داخل العمل أو بخطوط الإنتاج.

مدرب عملي: TRAINER

التدريب: TRAINING

إعداد الفرد للاستخدام أو الترقي في فرع من فروع النشاط ومساعدته في الإفادة من قدراته حتى يحقق لنفسه وللمجتمع أكثر ما يمكن من مزايا.

ويختلف التدريب عن التعليم في أن التعليم يهدف إلى توسيع مدركات الدارسين وتزويدهم بالدراسات العامة والنظريات الأساسية أما التدريب فيقوم بإعداد الأفراد وتأهيلهم لأداء أعمال معينة بإتقان وكفاءة، أو ممارسة تخصصات تقتضيها طبيعة العمل المتطورة.

طالب لم يتخرج بعد: UNDERGRADUATE

الطالب في أحد معاهد التعليم الحالي الذي لم يحصل بعد على الدرجة الجامعية الأولى في مجال تخصصه.

الفهم: UNDERSTANDING

قوة الإدراك التي تميز العلاقات المنطقية كما تميز بين الخطأ والصواب.

مدرسة بدون فصول متدرجة: UNGRADED SCHOOL

مدرسة لا يصنف فيها الطلبة المختلفي الأعمار والقدرات ومستويات التحصيل وفقاً للفصول المتدرجة، ولكن في فصول يتم التدريس فيها على أساس فردي، ومن ثم لا يتأثر معدل تقدم الفرد بقيود التدرج.

وحدة تعليمية: UNIT, LEARNING

تنظيم مختلف الأنشطة وأنواع التعليم حول هدف أساسي يعمل على تحقيقه مجموعة من الطلبة متعاونين مع بعضهم البعض تحت إشراف مدرس، ويتضمن ذلك وضع الخطة وتنفيذها وتقويمها.

التعليم العام: UNIVERSAL EDUCATION

أي نظام تربوي يفسح مجال التعليم العام أمام الجميع بصرف النظر عن العرق أو اللون أو المعتقد أو الوضع الاجتماعي إلخ.

الجامعة: UNIVERSITY

مؤسسة للتعليم العالي تتكون من عدة كليات تنظم دراسات في مختلف المجالات وتخول حق منح درجات جامعية في هذه الدراسات.

قسم الخدمة العامة في الجامعة: UNIVERSITY EXTENSION

جامعة حرة: UNIVERSITY, FREE

جامعة يقوم بإدارتها الأكاديميين ولا تحصل على إعانات

حكومية وبالتالي تتحرر من تدخل الحكومة.

الجامعة المفتوحة: UNIVERSITY, OPEN

جامعة يمكن أن يلتحق بها الطلبة مهما كان سنهم، وتعطى الدروس بها عن طريق المراسلة والتليفزيون، وتمنح درجات جامعية لمن يجتازون الامتحانات التي تعقدها.

طالب في المراحل النهائية بالجامعة: UPPERCLASSMAN

طالب في السنة الثالثة أو الرابعة بالجامعة.

تدريب مهني: VOCATIONAL TRAINING

برامج التدريب التي تهدف إلى تزويد الأفراد بالمعارف والمهارات التي تتطلبها مجموعة من المهن المتصلة ببعضها.

الإرادة: VOLITION

وظيفة نفسية تختلف في الشخص الواحد من موقف لآخر، وقد تعمل بشكل صريح عندما يبذل الشخص جهداً واضحاً في التغلب على نزعة من النزعات، أو بطريقة ضمنية عندما يحسم الصراع بدون تردد ويسير في اتجاه واحد.

الخسارة أو الفاقد التعليمي: WASTAGE, SCHOOL

عدد التلاميذ الذين يتركون المدارس قبل إتمام دراستهم التي بدأوها ويعتبر مؤشراً إحصائياً يدل على العائد التعليمي.

طريقة الكل: WHOLE METHOD

طريقة لتعليم النطق بمحاولة إخراج الأصوات في كلمات بدلاً من طريقة التجزئة التي تحاول تعليم الأصوات منعزلة عن الكلمة.

جهاز تسجيل الصوت على أسلاك: WIRE RECORDER

جهاز تسجيل الصوت على سلك رفيع طويل، وهو طيع سهل التشغيل إلا أنه يفقد مرونته بعد استعماله عدة مرات.

طريقة الكلمة: WORD METHOD

طريقة لتعليم القراءة، تعرض فيها الكلمات أولاً ككل ثم تحلل إلى أجزائها بدلاً من أن تعرض أجزاؤها أو لا ثم تركب منه كلمات، وهي عكس الطريقة الهجائية التي تبدأ بالحروف أولاً أو الطريقة الصوتية التي تبدأ بتعليم الأصوات أولاً ثم تركب منها الكلمات وتتدرج منها إلى الكلمات المركبة.

بيوت الشباب: YOUTH HOSTELS

المؤسسات المخصصة لإقامة الشباب في المناطق السياحية مقابل أسعار رمزية.

شباب غير منتظم بالمدارس: YOUTH, OUT-OF-SCHOOL

الكبار الذين تعدوا سن الالتحاق بالدراسة ولم تتح لهم الفرصة للالتحاق بالمدارس النظامية، ويحتاجون للالتحاق بالفصول الخاصة بتعليم الكبار.

خدمات الشاب :YOUTH SERVICES

الخدمات التي تقدمها المؤسسات الخاصة أو السلطات العامة للنهوض بالنواحي الخلقية والثقافية والترويحية للشباب، بعيداً عن النظام المدرسي الرسمي وذلك تحت إشراف رواد مدربين.

عمل الطلبة المأجور :WORK, STUDENTS PAID

إسناد أعمال لبعض الوقت للطلبة لمعاونتهم مالياً مما يتيح لهم مواصلة دراساتهم.

كتاب مبرمج :WORKBOOK PROGRAMMED

الكتاب الذي يعد في أحد المواضيع للطلبة الذين يدرسون بمفردهم لتعزيز معلوماتهم، ويتضمن أسئلة ليجيب عليها الطالب، كما يتضمن أجوبة عن هذه الأسئلة ليراجعها الطالب على إجابته.

تعليم العمال :WORKERS EDUCATION

التعليم الذي يعطى عن طريق النقابات والكليات والجامعات لأعضاء النقابات ويتضمن عادة اقتصاديات العمل والعلاقات الصناعية إلخ.

حلقة دراسية :WORKSHOP

وسيلة تعليمية يشترك فيها أفراد ذوي اهتمامات و مشاكل مشتركة مع أخصائيين للحصول على المعلومات الضرورية وللوصول إلى الحلول عن طريق الدراسة الجماعية، وتستلزم غالباً إقامة المشتركين مع بعضهم البعض عدة أيام

ورشة محمية: WORKSHOP, SHELTERED

ورشة تديرها عادة جمعية خيرية تستخدم أفراد عجزة في جو عمل يشبه جو المصنع، وتهدف إلى تنمية مهاراتهم وتتيح لهم الحصول على عمل بعد إتمام تدريبهم.

الكتابة: WRITING

التدوين المنظور لأية لغة من اللغات، ويتم هذا التدوين في اللغات المتقدمة على شكل حروف هجائية تتألف منها الكلمات وتعبر عنها الكتابة كألفاظ منطوقة، ويتم تعلم الكتابة جنباً إلى جنب مع تعلم القراءة.

اللفظية: VERBALISM

١- الإسراف في العناية بالألفاظ على حساب المعنى.

٢- التعليم الذي يستخدم الكلمات في حد ذاتها على حساب المعاني.

مدرسة ملحقة بالمؤسسة: VESTIBULE SCHOOL

مدرسة صناعية مخصصة بصفة أساسية لتدريب الموظفين أو العمال الجدد.

التسجيلات السمعية البصرية: VIDEOTAPE

عبارة عن أشرطة توضع في جهاز تليفزيوني خاص تجمع بين الصوت والصورة البصرية التي تعرض في نفس الوقت.

أستاذ زائر: VISITING PROFESSOR

مدرس زائر: VISITING TEACHER

مدرس يكون عادة مختصاً بأصول الخدمة الاجتماعية مهمته الرئيسية مساعدة الطلاب على التكيف وحل مشكلاتهم الناجمة عن سوء التكيف، وذلك بالتعاون مع الأسرة ومختلف الهيئات والمنظمات في البيئة والمساعدة على إزالة العوائق التي تعيق الطلاب عن الاندماج في محيطهم الاجتماعي.

المعينات البصرية: VISUAL AIDS

الوسائل التي تعتمد في التعليم على حاسة البصر باعتبار العين الطريق الرئيسي للتعلم، دون الاعتماد على الألفاظ والرموز.

تعليم مهني: VOCATIONAL EDUCATION

برنامج التعليم دون مستوى التعليم الجامعي ويعد الطالب لإحدى المهن أو لرفع مهارات العاملين.

تعليم مهني للكبار: VOCATIONAL EDUCATION, ADULT

تعليم ينظم على أساس بعض الوقت لتنمية مهارات واتجاهات الكبار الذين لا ينتظمون في مدارس وإعدادهم للالتحاق بإحدى المهن أو لتقدم في عملهم.

مدرسة مهنية: VOCATIONAL SCHOOL

المدرسة التي تهدف إلى تدريب الطلبة في إحدى المهن التي تحتاج إلى مهارة.

تدريب أساسي: TRAINING, BASIC

التدريب المنظم الذي يعطى بعيداً عن الأنشطة الإنتاجية بالمنشأة، ويهدف إلى تزويد الفرد بالمعارف والمهارات المطلوبة في مهن معينة.

التدريب في نطاق الجماعات: TRAINING GROUPS

إحدى نظم التدريب في أعمال الإدارة حيث يهدف إلى التعرف على العلاقات الاجتماعية، ودراسة سلوك المشتركين في الاجتماع ووقوفهم على تأثيره على الآخرين.

أدوات التدريب: TRAINING MATERIAL

الأدوات التي تساعد في تدريب الأفراد كالكتب والوسائل السمعية البصرية.

مشرف التدريب: TRAINING SUPERVISOR

الأخصائي الذي يضطلع بمسئوليات التدريب والإشراف على شوئنه، ويقوم بوضع برامج التدريب ومراقبة تنفيذها وتسجيل البيانات الضرورية عنها.

انتقال أثر التدريب: TRAINING, TRANSFER OF

مدى درجة تأثير تدريب الفرد على تعلم نشاط معين أو مواجهة موقف تعليمي معين في تعلم ومواجهة أي نشاط آخر أو موقف تعليمي جديد.

وقد يكون انتقال أثر التدريب إيجابياً أو سلبياً أو غير محدد.

وتتمثل أهمية انتقال أثر التدريب في ان الهدف من عملية التعليم هو إمكانية استفادة الطلبة من المعلومات والخبرات والمهارات التي اكتسبوها خلال الدراسة في حياتهم المستقبلية وفي مواجهة ما يقابلهم في مواقف خارج أماكن الدراسة.

ورشة تدريب: TRAINING WORKSHOP

هي صلة الاتصال بين الدراسات النظرية والعمل الميداني، ويجري النشاط فيها حول تمرينات عملية أو مشكلات ميدانية يطبق فيها الدارسون الأفكار والأساليب التي تعلموها في الدراسات النظرية تمهيداً للعمل الميدني.

التسرب: TRUANCY

تغيب التلميذ المقصود عن المدرسة بدون علم أو بموافقة والديه، دون أن يكون هناك سبب أو عذر مقبول لهذا التغيب.

اختبار لياقة بدنية: TRYANT OF PHYSICAL FITNESS

اختبار تحديد اللياقة البدنية، وعلى مدى قدرة الطالب على الاشتراك في بعض الأنشطة.

رسوم التعليم: TUITION

المبلغ المالي الذي تفرضه مؤسسة تعليمية مقابل التعليم، ولا يتضمن ثمن الأدوات والكتب ورسوم المعمل الخ.

مدرس خاص: TUTOR

أحد أعضاء هيئة التعليم والذي يقوم عن طريق المحاضرات بتعليم الطلبة واختبارهم، وقد يقيم أحياناً في عنابر النوم مع الطلبة.

وقد يقصد بهذا المصطلح أحد الطلبة يقوم باختياره الأستاذ لمعاونة الطلبة عن طريق محاضرات خاصة.

تعليم خاص: TUTORIAL INSTRUCTION

أحد أشكال التعليم العالي الفردي المستخدم في الجامعات البريطانية ويعهد بمقتضاه بكل طالب إلى مدرس من أعضاء هيئة التدريس حيث يقوم بإرشاد الطلبة في الدراسات التي يقومون بها بأنفسهم.

طريقة التدريس الخاصة: TUTORIAL METHOD

إحدى طرق التدريس يعطى بمقتضاها الأستاذ بعض الواجبات لمجموعة من الطلبة ويشرح لهم وسائل الحصول على

المواد المتعلقة بها، ويقوم الطلبة بالبحث بمفردهم خلال مدة معينة (أسبوع أو أكثر) وكتابة بحوثهم ومناقشتها مع الأستاذ.

طالب منتسب :UNCLSSIFIED STUDENT

طالب جامعي غير مقيد للحصول على درجة جامعية لعدم استيفائه شروط القبول أو لعدم رغبته في الحصول على درجة جامعية.

اللاشعور، العقل الباطن :UNCONSCIOUS MIND

في مدرسة التحليل النفسي العمليات النفسية التي تحدث دون شعور الفرد بها، أو الدوافع الغريزية الأولية المكبوتة لعدم ملاءمتها للمبادئ الخلقية أو الاجتماعية، أو لما تسببه من شعور بالقلق كالرغبات الجنسية والعدوانية.

تحصيل دون المستوى :UNDERACHIEVEMENT

تحصيل أو أداء أقل من المستوى المتوقع لاستعداد الشخص.

تلميذ بليد :UNDERACHIEVER

طالب في المراحل الأولى بالجامعة :UNDERCLASSMAN

طالب في السنة الأولى أو الثانية بالجامعة.

الفصول الدراسية عن بعد :TELE-CLASS

أحد طرق تعليم التلاميذ في منازلهم حيث يستخدم المدرس تليفوناً يتيح له الاتصال بجميع التلاميذ أو بأي واحد منهم، ولدى

كل تلميذ جهاز تليفوني متصل بالفصول الدراسية عن بعد، ويمكن أن يسمعه جميع التلاميذ أو المدرس وحده.

نادي المشاهدين: TELE-CLUB

نوع من الأندية يضم جماعات تلتف حول جهاز التليفزيون لتشاهد برامجاً وتناقشها وتساعد على نقل المعلومات إلى الأعضاء وعلى تغيير اتجاهاتهم بالصورة المرجوة.

التليفزيون ذو الدائرة المغلقة: TELEVISION, CLOSED-CIRCUIT

نظام تصوير تليفزيوني يمكن توصيله مباشرة بواسطة أسلاك التوصيل الكهربائي بجهاز أو أكثر من أجهزة الاستقبال، وتثبيت آلة ا لتصوير في مكان معين حيث تعمل على إرسال صور واضحة للأشياء والأشخاص والأحداث في الأماكن المواجهة لعدسة التصوير إلى أجهزة الاستقبال التي تظهرها على الشاشة، ويستخدم هذا التليفزيون في التعليم.

التليفزيون التعليمي: TELEVISION, EDUCATIONAL

إذاعة غير تجارية حيث لا تذيع الإعلانات وتقوم ببث برامج تعليمية ثقافية وترويحية وأخرى مخصصة للمقررات الدراسية.

المزاج: TEMPERAMENT

الطريقة التي يستجيب بها الفرد للمثيرات المختلفة طبقاً لصفاته الجسمية والنفسية، والتي تتحدد بفعل التأثيرات

الكيمائية لعمليات الهدم والبناء في الجسم وهي تأثيرات تنال النشاط العام للمخ أو الجهاز العصبي.

الاختبار TEST:

المعيار الذي يستخدم لإظهار الصواب أو الخطأ طبقاً لظروف مفترضة.

وتقيس الاختبارات النفسية القدرة أو الاستعداد أو التحصيل أو المهارة، وتستخدم في التوجيه التعليمي والمهني وكذلك في الاختيار المهني.

اختبار القدرة TEST, ABILITY:

وسيلة لقياس طاقة الإنجاز في حقل من الحقول كالقدرة الميكانيكية أو القدرة العقلية.

اختبار الدقة TEST, ACCURACY:

الاختبار الذي لا يشترط أن يؤخذ فيه الوقت كعامل من عوامل النجاح، بل يؤكد على عدد الأجوبة او المحاولات التي قام بها المختبر بالنسبة إلى عدد الأجوبة أو المحاولات الصحيحة التي أتمها.

التنبيه، الإثارة STIMULATION:

أحداث تغير في الجسم الحي أو الظروف المحيطة به من أجل حثه على الاستجابة.

مثير، منبه: STIMULUS

كل ما من شأنه أن يحدث تغييراً في نشاط الكائن الحي أو في مضمون الخبرة الشعورية.

وقد يكون المثير خارجياً يأتي من البيئة عن طريق الحس، أو داخلياً يأتي من داخل الكائن وهو الدافع الغريزي.

استراتيجية التعليم: STRATEGY, EDUCATION

توحيد وتنسيق الجهود لتحقيق الأهداف التعليمية، وهي تقابل التخطيط للوصول إلى نتيجة مع وضع أهداف لتحقيقها والتفكير في وسائل لبلوغها.

طالب ماهر: STUDENT, ABLE

طالب يتميز بقدرات عالية في التعلم وبالتفكير المجرد.

سجل أعمال الطالب: STUDENT ACADEMIC RECORD

الكراسة التي يدون بها في نهاية كل شهر أو كل فترة معينة مدى تقدم الطالب في مواد الدراسة ليطلع عليها أولياء أموره مما يحقق التعاون بين الأسرة والمدرسة.

تكلفة الطالب: STUDENT COST

متوسط المبلغ الذي ينفق عل كل طالب نظير خدمة تعليمية معينة وخلال فترة معينة.

مجلس الطلبة :STUDENT COUNCIL

المجلس الذي يختاره الطلبة ليمثلهم لتنظيم أنشطة الطلبة التي لا تدخل ضمن البرنامج الدراسي وللمعاونة في حفظ النظام، وتخضع قراراته بصفة عامة لاعتماد عميد الكلية أو المعهد.

عبء الطالب :STUDENT LOAD

كمية العمل التي يقوم بها الطالب خلال الفترة الدراسية، وتحدد بعدد المواد الدراسية التي يجب أن يقوم بدراستها.

قدامى الطلبة :STUDENTS, PAST

الطلبة الذين اتموا الدراسة في أحد المعاهد الدراسية.

مركز شئون الطلبة :STUDENT-PERSONNEL WORK

مركز يعنى بمساعدة الطلبة على تحقيق رفاهيتهم عن طريق النصح والإرشاد أو إتاحة الفرصة التي يمكن أن تتوفر لهم لتأمين مطالبهم والتعاون معهم على حل المشكلات التي تواجههم نفسية كانت أو مالية أو مهنية أو اجتماعية إلخ.

طلبة مقيمون :STUDENTS, RESIDENT

الطلبة الذين يدرسون طول الوقت في إحدى الكليات أو الجامعات، ويقيمون في نفس الوقت في الأماكن المخصصة للإقامة بهذه الكليات أو الجامعات أو بالقرب منها.

طالب خاص: STUDENT, SPECIAL

طالب الكلية غير المقيد للحصول على درجة لعدم استيفائه شروط القبول المقررة.

المعلم الطالب: STUDENT TEACHER

طالب يتدرب على اكتساب خبرة علمية ومهارة في التعليم تحت إشراف وتوجيه معلم أو مراقب في مدرسة من المدراس التطبيقية الملحقة بمعهد إعداد المعلمين.

النسبة بين الطلبة والمدرسين: STUDENT-TEACHER RATIO

عدد الطلبة الذين يختص بهم كل مدرس، ويحتسب بقسمة إجمالي عدد الطلبة في المؤسسة التعليمية على إجمالي عدد المدرسين الذين يقومون بالتدريس لهم.

طالب مستمع: STUDENT, UNCLASSIFIED

الطالب المقيد لتلقي بعض الدراسات دون أن يحق له دخول الامتحانات الخاصة بهذه الدراسات والتي يؤديها الطلبة النظاميون.

اتحاد الطلبة: STUDENTS UNION

اتحاد يتكون من طلبة الكليات أو المعاهد العليا مقابل اشتراك زهيد لبث الروح الاجتماعية السليمة وتنسيق العلاقات بينهم وبين أساتذتهم ورفع مستوى الحياة الرياضية والاجتماعية والفكرية والفنية للطلاب، والمعاونة على توفير أسباب الراحة

ووسائل المعيشة لهم داخل وخارج الكليات والمعاهد العالية، ويدير الاتحاد مجلس ينتخب من بين أعضائه.

مركز الدراسة: STUDY CENTER

مكان مخصص بمبنى المدرسة ومزود بالأثاث والأدوات حيث يمكن أن يدرس فيه الطلبة بحرية.

دراسة تكميلية: STUDU, FOLLOWUP

الدراسة التي يلتحق بها الطلبة السابقون لمعاونتهم على تحسين مستواهم التعليمي أو المهني.

دراسة جامعية: STUDY, GRADUATE

الدراسة التي تتم بعد الحصول على شهادة الثانوية العامة بهدف الحصول على درجة جامعية.

التوريدات التعليمية: SUPPLIES, EDUCATIONAL

الأدوات والمواد التي تستهلك باستخدامها كالحبر والأقلام وتتميز عن العهدة الثابتة كالمقاعد والمكاتب إلخ.

خلاصة مقرر دراسي: SYLLABUS

دليل رسمي للمشرفين والمدرسين والطلبة بشأن إحدى المواد الدراسية ويتضمن أهداف المادة وعناصرها وبيان الكتب التي يمكن الاطلاع عليها بشأنها وطرق تدريسها الخ.

ندوة SYMPOSIUM:

أسلوب تعليمي يقوم بمقتضاه شخصان أو أكثر حتى خمسة أشخاص من البارزين في موضوع معين للتحدث عن النواحي المختلفة لنفس الموضوع أو لعدة موضوعات متصلة ببعضها البعض اتصالاً وثيقاً.

الطريقة التركيبية SYNTHETIC METHOD:

طريقة تستخدم للتوصل إلى القوانين والمبادئ أو التعميمات من خلال المعلومات والوقائع ونتائج التجارب أو الملاحظات وتصنيفها وتمحيصها وتتفيقها وتقييمها.

الموهبة TALENT:

أقصى درجات الاستعداد أو القدرة في حقل من الحقول مثل الموهبة الفنية أو الأدبية.

وتتوقف الموهبة على القدرة الطبيعية أو المكتسبة وعلى البواعث والبيئة الاجتماعية فهي نتيجة تفاعل هذه العوامل.

جهاز تسجيل الصوت على أشرطة TAPE RECORDER:

جهاز تسجيل الصوت على أشرطة من البلاستيك لإذاعتها عند الرغبة في الاستماع إليها، ويستخدم في الأغراض التعليمية، وبنوع خاص في تعليم اللغات لتلقين النطق السليم.

الواجب: TASK

يطلق على كل موقف يبذل فيه مجهود بشري لغرض معين، وهذا المجهود إما أن يكون بدنياً أو عقلياً.

المدرس: TEACHER

الشخص المؤهل للتدريس للتلاميذ أو الطلبة في احد المعاهد التعليمية.

التعليم عن طريق الوسائل السمعية البصرية: TEACHING, MEDIATED

التعليم الذي يتم عن طريق الوسائل السمعية البصرية وليس عن الطريق المباشر الذي يتم بالتفاعل بين المدرس والطالب، ويستخدم هذا التعليم أشرطة التسجيل والراديو والتليفزيون الخ.

طريقة التعليم: TEACHING METHOD

عملية موجهة يستهدف بها التنظيم والموازنة السليمين لمختلف العوامل التي تدخل في العملية التعليمية كطبيعة التلميذ ومواد التعليم والموقف التعليمي.

التدرب على التعليم: TEACHING PRACTICE

دروس قائمة على المشاهدة والمساهمة والممارسة الفعلية يتلقاها الطالب الذي يتدرب على مهنة التعليم تحت إشراف وتوجيه معلم، وهذا التدريب هو جزء من منهاج إعداد المعلمين.

أسلوب التعليم: TEACHING TECHNIQUE

١- طريقة خاصة في عرض المواد التعليمية أو إدارة النشاط التعليمي.

٢- طريقة المدرس أو أسلوبه في التعليم.

مدخل فريقي: TEAM APPROACH

العمل في فريق لدراسة موضوع معين ويراعى غالباً أن يضم الفريق تخصصات مختلفة حتى يمكن دراسة الموضوع من جميع جوانبه دراسة متكاملة.

التعليم الفني (التكنولوجي): TECHNICAL EDUCATION

أحد أنواع التعليم الذي يهتم بتكوين المهارات وإعداد الأفراد للمهن المختلفة ولا يؤدي عادة لدرجة جامعية.

مدرسة فنية: TECHNICAL SCHOOL

المدرسة التي تقدم دروساً في الصناعات العملية.

أسلوب فني: TECHNIQUE

الطرائق الفنية في أداء العمل المنشود وخاصة في البحث العلمي.

تكنولوجية التعليم: TECHNOLOGY, EDUCATIONAL

تطبيق المبادئ العلمية في العملية التعليمية، مع التركيز على المتعلم وليس على الموضوع، والاستخدام الواسع للوسائل السمعية

البصرية ومعامل التعلم والتعليم المبرمج والآلات التعليمية.

نقابة المعلمين: TEACHERS ASSOCIATION

الجمعية التي يكونها المدرسون للدفاع عن مصالحهم والنهوض بأحوالهم الاجتماعية والثقافية.

كتاب المدرس: TEACHERS BOOK

كتاب يوضع من أجل المدرسين لإعطائهم توجيهات تربوية عن كيفية استخدام الكتاب المدرسي المقرر على التلاميذ وكذلك يتضمن إجابات على الأسئلة الموضحة به.

إعداد المعلمين: TEACHERS EDUCATION

المنهاج الذي يضعه معهد إعداد المعلمين والنشاط النظامي وغير النظامي والاختبارات التي تؤهل المرء لتحمل مسئوليات مهنة التعليم والاضطلاع بها على أحسن وجه.

حجرة المدرسين: TEACHERS ROOM

الحجرة المخصصة للمدرسين في الفترات الواقعة بين مواعيد الفصول الدراسية وقد تلحق بهذه الحجرة مكتبة تربوية.

عبء المدرس: TEACHER WORK LOAD

المسئوليات التي يعهد بها للمدرسين بما في ذلك مهمة التعليم في الفصول والارشاد والإشراف على الأنشطة التي تمارس خارج الفصول.

التعليم: TEACHIGN

نقل المعلومات من المعلم إلى المتعلم بقصد إكسابه ضروباً من المعرفة كإحدى الوسائل في تربيته.

وسيلة تعليمية: TEACHING DEVICE

الوسيلة التي يلجأ إليها المعلم لرفع مستوى التعليم كالوسائل السمعية البصرية والنماذج الخ.

آلة تعليمية: TEACHING MACHINE

جهاز يحوي برنامجاً تعليمياً يعرض المعلومات للطالب مجزأة إلى وحدات صغيرة ويقدم إليه أسئلة لمعرفة مدى استيعابه لهذه المعلومات ثم يعطيه الإجابة الصحيحة فوراً قبل انتقاله إلى الوحدة التالية، والآلة التعليمية قد تكون مجرد صندوق بسيط يحوي البرنامج مسجلاً على شريط من الورق ملفوف على بكرة يديرها الطالب يدوياً فتظهر المعلومات في إطار أو نافذة وتسجل استجاباته في نافذة أخرى مجاورة، وتتدرج الآلات التعليمية في التعقيد من هذه الصورة المبسطة إلى الآلات الإلكترونية المعقدة.

الدراسة المستقلة: STUDY, INDEPENDENT

الدراسة التي تتم بالحد الأدنى من الإرشاد الخارجي أو بدون هذا الإرشاد.

البعثات الدراسية: STUDY MISSIONS:

البعثات الدراسية عبارة عن منح دراسية تقدم عادة لأعضاء هيئة التدريس والمعيدين بالجامعات للقيام بدراسات تخصصية في إحدى الجامعات الأجنبية أو للحصول على درجات علمية.

خطة الدراسة الفردية: STUDY PLAN, INDIVIDUAL:

خطة تدرج ضمن البرنامج الزمني لمعهد للتعليم العالي يرتبط بمقتضاها الطلبة بأنشطة دراسية بصفة فردية أو في مجموعات، ويجتمع بهم المدرسون لإرشادهم عند الحاجة لحل الصعوبات التي تواجههم.

الدراسة العليا: STUDY, POST GRADUATE:

الدراسة الرسمية التي تعقب التخرج من الجامعة وإحراز درجة جامعية أو درجة مهنية، وتهدف هذه الدراسة إلى نيل شهادة جامعية عليا كدرجة ماجستير أو دكتوراه.

الرحلات الدراسية: STUDY TOURS:

تنظم الرحلات الدراسية لإعطاء المشتركين فيها تجارب عملية، وتختلف برامج هذه الرحلات في مضمونها وفي انشطتها التربوية وفقاً للأغراض التي تهدف إليها.

مادة الدرس: SUBJECT MATTER:

الحقائق والمعلومات والمعرفة التي يتلقاها الدارس في مقرر دراسي.

الإعلاء، التسامي: SUBLIMATION

حيلة دفاعية تفرغ بها الطاقات الغريزية في أشكال سلوكية غير غريزية وتشمل العملية على نقل الطاقة من النشاطات والموضوعات الأولية إلى الموضوعات الأقل غريزية، وتحويل نوعية الانفعالات المصاحبة للنشاط، بحيث تفرغ مضمونها الجنسي ومضمونها العدواني، وتشمل بعض التفريغات على عنصر اجتماعي أي يكون التسامي الحقيقي مقبولاً اجتماعياً.

المراقب: SUPERINTENDENT

موظف يتولى بصفة أساسية عدة وظائف ويلم بكل الوظائف المدرسية ولكنه يعمل بصفة خاصة في التنسيق بين مختلف الأعمال.

الإشراف: SUPERVISION

وظيفة الرقابة التي تتولى تقويم مدى تقدم الأعمال الجارية، وضمان التنفيذ بما يتمشى مع الخطط والتعليمات.

مشرف المواظبة: SUPERVISOR, ATTENDANCE

الموظف المسئول عن تسجيل حضور الطلبة.

التعليم الخاص: SPECIALISED EDUCATION

التعليم الذي يأخذ في الاعتبار الفروق الفردية للدارسين، أو التعليم الذي يعد الأفراد لأنواع معينة من المهن، ويقابله التعليم العام.

القدرة النوعية: SPECIFIC ABILITY

القدرة الخاصة التي لا ترتبط بقدرات أخرى، وعكسها القدرة العامة التي تظهر

مع غيرها من القدرات، وتظهر كخلفية لباقي القدرات.

العوامل الخاصة: SPECIFIC FACTORS

العوامل التي تدخل في تحليل الذكاء بالإضافة إلى العامل العام في وظائف عقلية

معينة كالقدرة العددية والقدرة اللفظية الخ.

طلاقة أو سلاسة الكلام: SPEECH, FLEUNCY OF

قدرة مكتسبة على النطق دون تلكؤ أو تلعثم.

المستوى الأكاديمي: STANDARD, ACADEMIC

المستوى المقبول رسمياً للدراسة التي يتم تحصيلها.

مستويات المدارس: STANDARDS, SCHOOL

المعيار المستخدم للحكم على نوع المدرسة أو برنامج الدراسة بها.

تنميط المدارس: STANDARDISATION OF SCHOOLS

إلزام جميع المدارس التي هي من نوع واحد بأن تصل إلى مستوى متشابه من

حيث المناهج والمدرسين والأبنية والمعدات المدرسية الخ.

إحصاءات التعليم: STATISTICS OF EDUCATION

تتضمن إحصاءات التعليم بيانات عن كل نوع من أنواع التعليم، حيث عدد المدارس والأقسام والفصول وعدد التلاميذ ذكوراً وإناثاً في كل محافظة من المحافظات كما تتضمن نتائج امتحانات النقل بمختلف مراحل التعليم العام والفني وكذلك نتائج الشهادات العامة والدبلومات الخ.

مدرسة حكومية: STATE SCHOOL

معهد دراسي تعينه الدولة وتشرف عليه ويقوم بوظيفة تعليمية.

محطة تعليمية: STATION, EDUCATIONAL

محطة راديو أو تليفزيون مخصصة للتعليم والتنمية الثقافية ولا تقبل إذاعة إعلانات.

الإصلاحية: REFORMATORY

منشأة تهدف إلى تأهيل الأحداث الجانحين وتوفير التعليم والتدريب المهني الملائم لهم.

السجلات المدرسية: REGISTERS, SCHOOL

السجلات التي تلزم إدارة المدرسة بالاحتفاظ بها كسجل قيد الطلبة، وسجل الحضور والغياب، وسجل العهدة وسجل المكتبة .. الخ.

المسجل: REGISTRAR

الموظف المسئول في الكلية أو الجامعة عن الاحتفاظ بالسجلات الخاصة بالطلبة.

النكوص: REGRESSION

حيلة دفاعية يلجأ إليها الفرد بسبب الإحباط والفشل فيعود إلى مرحلة من مراحل النمو الأولى التي كان يشعر فيها بالطمأنينة والأمن.

التعزيز: REINFORCEMENT

المقصود به ما يعقب استجابة أو سلوكاً من آثار منها ما هو مرض إيجابي، فيقال أثر طيب أو مكافأة، ومنها ما هو غر مرض أو منفر أو سالب فيقال أثر غير طيب أو مؤلم ويساعد التعزيز على التعلم.

التعزيز السلبي: REINFORCEMENT, NEGATIVE

استجابة تؤدي إلى تخفيض قوة المثير كالعقاب أو التوبيخ في التعليم.

التعزيز الإيجابي: REINFORCEMENT, POSITIVE

زيادة في قوة الاستجابة تنشأ عن زيادة قوة المثير.

الوقت المخصص للدراسة: RELEASED TIME

الوقت المخصص أثناء ساعات العمل للأهداف الدراسية.

التعليم العلاجي: REMEDIAL INSTRUCTION

تعليم خاص يعد لإزالة عجز نوعي أو صعوبات تعليمية يصادفها التلميذ دون أن يرجع ذلك إلى نقص عام في قدرته.

التصور: REPRESENTATION

في علم النفس العملية التي تسترجع بها خبرة سابقة.

إعادة التدريب: RETRAINING

التدريب بهدف تجديد معارف الفرد ليتمكن من مواصلة مزاولة مهنته أو للحصول على معارف ومهارات لازمة لأداء عمل يختلف عن العمل الذي سبق تدريب العامل على أدائه.

تمثيل الأدوار: ROLE-PLAYING

أحد اساليب التعليم والتدريب يمثل سلوكاً حقيقياً في موقف مصطنع، حيث يقوم المشتركون بحرية بتمثيل الأدوار التي تسند إليهم بصورة تلقائية، وينغمسون في أدوارهم حتى يظهروا الموقف كأنه حقيقة.

ويساعد تمثيل الأدوار أفراد الجماعة على التعبير عن مشاعرهم أو اتجاهاتهم أو آرائهم التي يحجمون عن التعبير عنها في المواقف العادية، كما يمنحهم خبرات في مواقف معينة، وينمي مهاراتهم في القيام بهذه المواقف.

تعليم الأمن الصناعي: SAFETY EDUCATION:

التعليم المتصل بالاستخدام المأمون للعدد والآلات والصيانة الوقائية.

مقررات متناوبة: SANDWICH COURSES:

فترات متناوبة بين الدراسة النظرية والعمل داخل المصانع.

الإشباع: SATISFACTION:

العاطفة التي تصحب إنجاز هدف أو خفض التوتر الغريزي.

منهج الوفر: SAVING METHOD:

منهج تجريبي كمي لدراسة الكمية المتذكرة والكمية المنسية بعد فوات أوقات مختلفة تالية على تعلم شيء بتكراره لعدد معين من المرات، وهذا العدد من مرات التكرار هو كمية التعلم الاستهلالي، بينما الفرق بين هذا العدد وعدد مرات التكرار اللازم لإعادة التعلم بعد مضي أي وقت يمثل الوفر.

برنامج مواعيد اليومي: SCHEDULE, DAILY:

خطة المؤسسة التعليمية التي تبين نواحي النشاط بها يوماً بيوم فيما يتعلق بعدد الفصول ومواد الدراسة وتوزيع المدرسين الخ.

تقسيم المدرسة إلى دوائر: SCHOOL DEPARTMENTALISATION:

تقسيم المنهاج الدراسي إلى حقول يكون كل مدرس مسئولاً عن حقل واحد أو مجموعة منها، ويكون بالتالي للصف الواحد عدد من المعلمين بدلاً من معلم واحد يعلمهم جميع المواد.

المدرسة الشعبية: SCHOOL, FOLK

نوع من المدارس الخاصة بالراشدين تنتشر في ألمانيا والبلدان الإسكندنافية.

مدرسة للدراسات العليا: SCHOOL, GRADUATE

معهد جامعي يقدم برامج تؤدي إلى شهادات جامعية أرفع من الشهادة الجامعية الأولى، كما يقدم برامج في البحث العلمي يشترك فيها أساتذة الجامعة.

المدرسة الثانوية: SCHOOL, HIGH

المدرسة التي تتوفر على تعليم الطالب بعد انتهائه من الدراسة الابتدائية.

المدرسة المتكاملة: SCHOOL, ITEGRATED

مدرسة عمالية: SCHOOL, LABOUR

الحياة المدرسية: SCHOOL LIFE

كل ما يتعلق بالمسائل التي تتعلق مباشرة بالتعليم في المدرسة كمشاكل تغذية التلاميذ والنشاط الرياضي والجمعية التعاونية المدرسية الخ.

وتعين بعض البلاد مفتشين مكلفين للإشراف على مثل هذه المسائل.

المدرسة الحديثة: SCHOOL, MODERN

المدرسة التي تستخدم فيها أحدث الأساليب والطرق التربوية.

روضة أطفال، مدرسة حضانة: SCHOOL, NURSERY

منشأة لرعاية الإطفال من سن ٣ إلى سن ٥ سنوات حيث يمضون فيها فترة الصباح، كما تنظم لهم برامج تربوية ملائمة لهذه المرحلة.

مدرسة رسمية أو عامة: SCHOOL, PUBLIC

المدارس التي تخضع لإشراف السلطات التعليمية والالتحاق بها متاح لجميع الأطفال طبقاً لشروط الالتحاق المقررة.

درجة التحصيل: SCORE, ACHIEVEMENT

الدرجة التي أحرزها الطالب في اختبار موضوع دراسي.

الحركة الكشفية: SCOUTING

حركة رياضية اجتماعية تربوية تقوم على تنظيم الناشئين في فرق بإشراف رواد، وتهدف إلى تعويد الشباب الخشونة والاعتماد على النفس عن طريق الإقامة في الهواء الطلق والحياة الطبيعية.

سكرتير المدرسة: SECRETARY, SCHOOL

الموظف المسئول عن الإدارة المكتبية للمدرسة والذي يقوم بأعمال السكرتارية ويتولى غالباً بعض الأعمال المالية كتحصيل الرسوم الدراسية وإنفاق بعض المصروفات.

التعليم العلماني: SECULAR EDUCATION

التعليم الذي يقوم على البرامج العقلانية والدنيوية، والذي يقبل التجديد والتغيير ويقابله التعليم الديني.

قبول انتقائي: SELECTIVE ADMISSION

التعلم الانتقائي: SELECTIVE LEARNING

التعلم طبقاً لخطة معينة بهدف تحصيل معرفة معينة.

النشاط الذاتي: SELF-ACTIVITY

السلوك الذي ينبعث عن رغبات الفرد بدلاً من أن يفرض عليه من الخارج.

واع بذاته: SELF-CONSCIOUS

١- الإفراط في التفكير بالذات عند القيام بعمل ما وخاصة أمام الآخرين.

٢- اهتمام المرء بما يبديه الأخرون من رأي وخاصة عندما يكون لهؤلاء صلاحية التقييم.

الضبط الذاتي: SELF-CONTROL

قدرة المرء على التحكم في دوافعه وتوجيهها إرادياً بدرس عواقبها والتحسب لها.

الانضباط الذاتي: SELF-DISCIPLINE

ضبط المرء لسلوكه ضبطاً قصدياً وتحمله مسئولية القيام

بمهمة ما وتجشمه المشقة التي ينطوي عليها ذلك.

تعلم ذاتي: SELF-EDUCATION

استخدام الفرد من تلقاء نفسه الكتب أو الآلات التعليمية أو غيرها من الوسائل، كما يختار بنفسه نوع ومدى دراسته ويتقدم فيها وفقاً لمقدرته بدون مساعدة مدرس.

الأشغال العملية: SHOP WORK

الأشغال العملية التي تتم في الورش المدرسية وقد تقوم على أساس مهني أو للإعداد المهني، وقد تتضمن أعمال النجارة أو أشغال المعادن أو الكهرباء أو الطباعة أو الآلات أو السيارات أو النسيج إلخ.

المحاكاة: SIMULATION

جعل الممارسة في التعليم والتدريب قريبة بقدر الإمكان من الموقف الذي سيواجهه الطالب، وقد يتم ذلك عن طريق تمثيل الأدوار.

المهارة: SKILL

قدرة عالية على الأداء فعل حركي معقد في مجال معين بسهولة ودقة.

مهارة أساسية: SKILL, BASIC

المهارة الأساسية اللازمة لإتقان مادة دراسية كالجمع والطرح في الحساب.

التربية الاجتماعية: SOCIAL EDUCATION

التربية التي تهتم بإعداد أفراد يستطيعون المساهمة في نشاط المجتمع مساهمة فعالة.

الدراسات الاجتماعية: SOCIAL STUDIES

بعض جوانب العلوم الاجتماعية وبنوع خاص التاريخ، الاقتصاد، علم السياسة، علم الاجتماع، الجغرافيا.

علم الاجتماع التربوي: SOCIOLOGY OF EDUCATION

العلم الذي يحلل المؤسسات والتنظيمات التربوية في علاقاتها بالمؤسسات الاجتماعية والاقتصادية والثقافية والدينية والسياسية باعتبار العملية التربوية عملية نقل للثقافة وتجديدها.

الطريقة السقراطية: SOCRATIC METHOD

طريقة فلسفية تعتمد على الاستجواب سبيلاً إلى إثبات قضية أو إنكارها، وينطلق السائل فيها من تعريف عام يتبين صحته أو بطلانه من خلال سلسلة من الأسئلة التي توجه إلى واضع التعريف.

التربية الخاصة: SPECIAL EDUCATION

نوع من التعليم الخاص بالمعوقين، كالعميان والصم، أو الذي يعطى للأطفال دون أو فوق المستوى العقلي أو الفكري مما يستوجب استخدام أسلوب خاص.

مقرر دراسي خاص: SPECIAL INTEREST COURSE

التقويم الذاتي: SELF-EVALUATION

وجه من وجوه التعلم الذاتي لأن التقويم توجيه وتصحيح وتدعيم للتعلم. ويساعد التقويم الذاتي في تعليم الكبار إذ يزيد من اتجاه الراشد الإيجابي نحو التعلم وبالتالي يزيد من درجة ممارسته، ويحقق نوعاً من التعزيز الذاتي الذي ينعكس مباشرة على تقدم التعلم الذاتي وينهض بفاعليته.

مركز التعلم الذاتي: SELF-INSTRUCTIONAL CENTER

المركز الذي يضم مكتبة للتعلم المبرمج والمواد الأخرى الخاصة بالتعليم الذاتي ليستخدمها الطلبة والمدرسون.

التعلم الذاتي: SELF-LEARNING

التعلم الذي يقوم به الدارس عن طريق بواعثه الخاصة بدون تدخل المدرس.

المسئولية الذاتية: SELF-MOTIVATION

إقدام المرء على عمل ما بدافع ناجم عن خبرته وطبعه الخاص لا عن عوامل خارجة عنه.

حلقة دراسية: SEMINAR

أسلوب تعليمي يستخدم في التعليم العالي حيث تشترك مجموعة من الطلبة في البحث أو الدراسة المتقدمة تحت إشراف رائد او أكثر لمناقشة المشاكل ذات الصالح المشترك.

طريقة الجملة :SENTENCE METHOD

طريقة لتعليم القراءة يبدأ فيها بتعلم الجملة بدلاً من أن يبدأ بالأحرف أو بالكلمات.

العاطفة :SENTIMENT

ميل انفعالي مركَّز حول فكرة أو موضوع، وهو لا يصدر عن تجربة، ولكنه جزء من كيان الفرد، وقد يصدر أحياناً بشكل مرتب ولكن بعيد عن الدقة، وللعاطفة أثر كبير في تكوين الشخصية.

الدورة المدرسية :SESSION, SCHOOL

المدة الزمنية خلال اليوم المدرسي التي تعمل فيها جماعة من الطلبة تحت إشراف المدرسين.

التربية الجنسية :SEX EDUCATION

التعليم الخاص بالمسائل الجنسية، ويثور الجدل فيما يجب أو لايجب إدخاله في برامج التعليم، غير أن الاتجاه الحديث يميل إلى وجوب تبصير الشبان والفتيات بالحقائق السليمة للمسائل الجنسية.

الاستعداد المدرسي :SCHOOL READINESS

بلوغ الطفل مستوى معين من التطور يمكنه من أن يتلقى المبادئ الأولى في القراءة والكتابة وغيرها، والمعايير التي تحكم هذا المستوى هي المعيار البدني والعقلي والاجتماعي.

اللائحة الداخلية للمدرسة :SCHOOL RULES

مجموع القواعد والأحكام الخاصة بحفظ النظام في المدرسة وواجبات التلاميذ.

الخدمات الاجتماعية المدرسية :SCHOOL SOCIAL WORK

تهتم الخدمة الاجتماعية المدرسية بتنظيم الحياة الاجتماعية بالمدرسة بمعالجة المشاكل الفردية، وتنظيم جماعات الطلبة، وتوثيق العلاقات بين التلاميذ وهيئة التدريس وبين المدرسة والمنزل واستغلال كل الإمكانيات التي تتيحها بيئة المدرسة والمجتمع الخارجي فيما له علاقة بحياة التلميذ المدرسية.

فترة مدرسية :SCHOOL TERM

أحد أقسام السنة الدراسية الذي ينتهي عادة بامتحان الطلبة وانتقالهم من صف إلى صف أعلى، وتقسم السنة الدراسية عادة إلى قسمين أو ثلاثة.

مدرسة الهواء الطلق :SCHOOL UNDER THE OPEN SKY

مدرسة تشيد بحيث تتيح للتلاميذ المعيشة في الهواء الطلق أطول مدة ممكنة، وتضم عادة ضعاف البنية.

السنة الدراسية :SCHOOL YEAR

المدة التي تعطى فيها البرامج الدراسية بالمدرسة والتي تتخللها بعض العطلات الأسبوعية والرسمية، وتبدأ بعد انتهاء العطلة الصيفية وتنتهي بعد امتحانات نهاية السنة.

الاستعداد المدرسي SCHOLOASTIC APTITUDE:

الاستعداد للمواد الأكاديمية كما تقيسه اختبارات الاستعداد في المدرسة.

الطريقة العلمية SCIENTIFIC METHOD:

أسلوب منهجي للوصول إلى المعرفة او للتحقق من قضية ما، وقوامه الاستقراء ويتمثل في عدة خطوات تبدأ بملاحظة الظواهر ثم وضع الفروض ومحاولة التحقق من صحة هذه الفروض توصلاً إلى وضع قوانين عامة.

التعليم الثانوي SECONDARY EDUCATION:

المرحلة التالية من مراحل نظام التعليم العام والتي تلي مرحلة التعليم الابتدائي والإعدادي وفي هذه المرحلة يبدأ تخصص الطلبة في العلوم أو في الآداب.

مدرسة ثانوية حكومية SECONDARY SCHOOL, STATE-SUPPORTED:

مدرسة ثانوية تتبع الدولة أو الحكومات المحلية، وتقوم بتدريس المواد التقليدية والحديثة والفنية.

جدول الدروس SCHEDULE, STUDY:

بيان مفصل بساعات الدروس التي يترتب على الطالب حضورها.

الطالب: SCHOLAR

الشخص الذي اكتسب عن طريق الدراسة النظامية الطويلة بالجامعة بنوع خاص أتقن دراسة أكاديمية عليا أو أكثر، أ يحصل على معرفة تفصيلية ومهارة في البحث والتحليل النقدي في ميدان دراسته.

التحصيل الدراسي: SCHOLARSHIP

مقدار تحصيل الطالب ونوعيته في موضوع أو أكثر.

منحة دراسية:

منحة تعطى عادة للطالب الذي يبرز في دروسه.

مبنى المدرسة: SCHOOL BUILDING

المباني المشيدة للمدرسة ومرافقها طبقاً للمستويات المقررة من حيث الصحة والأمن والتهوية والإضاءة الخ.

سيارة التلاميذ: SCHOOL BUS

السيارة المخصصة لنقل التلاميذ يومياً من مساكنهم إلى المدرسة ثم إعادتهم إلى مساكنهم بعد انتهاء الدراسة.

جمعية رعاية مدرسية: SCHOOL CARE ASSOCIATION

جمعية تهدف إلى التأييد المادي والأدبي لإحدى المدارس لتتمكن من القيام بوظائفها.

المدرسة الشاملة SCHOOL, COMPREHENSIVE:

نظام مدرسي نشأ بإنجلترا يهدف إلى توجيه التلاميذ بالمدارس الثانوية إلى فروع التعليم التقليدي والحديث والمهني التي تتفق مع قدراتهم.

الكبت: REPRESSION

حيلة دفاعية لا شعورية، يبعد فيها الفرد الأمور غير المقبولة أو غير السارة عن الذاكرة ويدفعها إلى اللاشعور.

مدرسة داخلية: RESEDENTIAL SCHOOL

مدرسة يقيم بها التلاميذ، ويتلقون نفس البرامج التي يتلقاها باقي التلاميذ.

التأخر العقلي: RETARDATION, MENTAL

حالة عقلية موروثة أو مكتسبة يتصف صاحبها بمستوى منخفض من الذكاء، ويصحبها عادة قصور خطير في القدرة على التكيف الاجتماعي والمهني وعلى التعلم أو على مجاراة الأسوياء.

تلميذ متخلف: RETARDED PUPIL

تلميذ بطيء في النمو الجسمي أو الذهني أو في التحصيل الدراسي ويسير تقدمه في التحصيل الدراسي ببطء شديد، وقد يكون التخلف عاماً أو خاصاً في مادة أو أكثر.

الحفظ: RETENTION

الأثر الباقي الذي يمكن الاستعانة به في التجارب المستقبلة، ويعتبر أحد العوامل الضرورية في التذكر.

الجوائز المدرسية: REWARDS, SCHOOL

مجموع الوسائل المادية والرمزية التي توزع في احتفال خاص لتبرهن على اجتهاد الطلبة الممتازين وتعمل على تشجيعهم.

والمكافأة أو الإثابة هي الدافع الإيجابي الذي يحصل عليه الفرد عند حدوث الاستجابة التي يتوقف عليها الثواب، وبينما يطلق ثورنديك كلمة الثواب على هذ الظاهرة فإن "بافلوف" يستعمل كلمة "التعزيز" وتلعب المكافأة دوراً بارزاً في عملية التعليم.

التعلم بالترديد: ROTE LEARNING

تكرار الجمل أو النصوص إلى أن يحفظ الفرد ما يكرر بصرف النظر عن فهمه.

تقرير المواظبة: REPORT, ATTENDANCE

بيان يقوم بتدوينه موظفو المعهد الدراسي بشأن حضور وغياب وتأخير

سجل الطالب: RECORD, PUPIL

مجموعة نظامية مـن البيانـات المدونـة المتعلقـة بالطالـب، وقد تتنـاول قدراتـه الجسمية أو العقلية أو الاجتماعية أو محيطه سواء في ذلك البيـت أو المدرسـة، ويرجـع إلى هذه السجلات لتفهم الطالب ومشكلاته.

جهاز التسجيل: RECORDER

الجهاز الذي يسجل الأصوات على أسطوانات أو أشرطة تسجيل.

مسجل الفيديو: RECORDER, VIDEO TAPE

الجهاز المخصص لتسـجيل الصـورة والصـوت مـن جهـاز التليفزيـون عـلى شريـط بحيث يمكن إعادة عرضه.

الترويح: RECREATION

النشاط الحر الذي يختاره الفرد بمحض إرادته ويمارسه في أوقات فراغـه في ناحيـة تتفق وميوله ودوافعه، ويشعر في أدائه برضاء واستمتاع كالرياضة والموسيقى والهوايات المختلفة الخ.

إعادة التعليم: RE-EDUCATION

يقصد بإعادة التعليم في العـلاج النفسي- تغيـير عـادات المـريض وطرق معاملتـه والعمل على أن يتخلص من أساليب السلوك المرضية واستبدالها بالأساليب السوية.

مرجع :REFERENCE BOOK

كتاب يستخدم بهدف الحصول على معلومات كالمعجم أو دائرة المعارف.

الإطار المرجعي :REFERENCE FRAME

معيار أو اتجاه تقارن به الأفعال والنتائج، ويتكون الإطار المرجعي للفرد من مجموع العوامل الحضارية والفكرية والاجتماعية والنفسية التي تشكل الفرد.

التأمل :REFLECTION

توجيه الذهن لمعرفة بواطن الأشياء ومكوناتها، فيصل بذلك إلى معرفة واضحة من حيث طبيعة هذه الأشياء وعملها وتأثيرها.

مدرسة إصلاحية :REFORM SCHOOL

مدرسة لتربية الجانحين وتلافي سوء التكيف لدى المنحرفين الذين لم تتمكن المدارس العادية من إصلاحهم.

المؤهلات :QUALIFICATIONS

مجموع المعارف والقدرات والمهارات والصفات والشهادات الدراسية والخبرات والتدريب اللازمة لشغل وظيفة ما.

مؤهلات المدرس: QUALIFICATIONS, TEACHER

الدراسة والخبرة والخصال الجسيمة والعقلية والاجتماعية التي يتحلى بها المدرس وتقرر جدارته أو ملائمته لوظيفته التعليمية.

مدرس مؤهل: QUALIFIED TEACHER

المدرس الحاصل على المؤهلات المعترف بها التي تخوله التدريس في مجال تخصصه.

امتحان الأهلية أو الجدارة: QUALIFYING EXAMINATION

مجموعة من الامتحانات تستخدم في تقرير جدارة الطالب لمتابعة دراسة مهنة معينة كما تعطى هذه الامتحانات في مراحل دراسية معينة مثلاً عندما يود الطالب الالتحاق بمعهد ما.

طريقة السؤال والجواب: QUESTION-AND-ANSWER METHOD

إحدى الطرق التي تستعمل في حقل التعليم والامتحانات الشفوية معاً، وهي تقوم على طرح الأسئلة على الطالب وإجابته عليها.

سؤال يتطلب الإجابة الجازمة: QUESTION, FORCED CHOICE

سؤال يستلزم الإجابة بنعم أو لا.

السؤال الشامل: QUESTION, OMNIBUS

نوع من الأسئلة يتيح إجابات عديدة لا يمكن أن يستبعدها المدرس لأنه يقصد أو يتوقع من الطالب استجابة معينة.

السؤال المفتوح: QUESTION, OPEN END

سؤال يتيح للطالب أن يجيب عليه بحرية بألفاظه التي يستخدمها.

سؤال إيحائي: QUESTION, SUGGESTIVE

سؤال يصاغ بحيث يتضمن الأفكار الأساسية للمشكلة، ومن ثم يساعد الطالب بطريقة إيحائية إلى الوصول إلى الحل الصحيح بقليل من التفكير.

طريقة الاستبيان: QUESTIONNAIRE METHOD

الطريقة التي تتضمن عدة أسئلة تتناول موضوعاً واحداً أو عدة موضوعات متصلة يجيب عليها المفحوص، وتهدف إلى قياس ميوله وآرائه ومشاكله الشخصية، وتصلح لتكون مادة للمراجعة يرجع إليها للإحاطة بتاريخ الشخص.

قاعة المطالعة: READING CENTER

١- غرفة أو جانب من غرفة مخصص للقراءة بهدف التعليم أو القراءة للتسلية.

٢- المركز الذي تعده المدرسة وتؤثثه لمساعدة الأفراد الذين يجدون صعوبة في تعلم القراءة، وقد يتضمن أحياناً خدمات تشخيصية أو علاجية لجميع مستويات السن.

نادي القراءة: READING CLUB

جماعة ذات تنظيم رسمي أو غير رسمي تجتمع في أوقات

معينة تحت إشراف أمين مكتبة لعرض ومناقشة الكتب التي قام أعضاء الجماعة بقراءتها.

المطالعة الإضافية: READING, COLLATERAL

مواد إضافية للمطالعة لتكملة وإثراء كتب الدراسة الأساسية لتعزيز المعرفة التي تم الحصول عليها، وذلك لأن محتويات كتب الدراسة لا تشمل كل ما يريد الفرد الحصول عليه أو يجب أن يحصل عليه.

قراءة تثقيفية: READING, CULTURAL

قراءة تتم لتحسين أذواق وميول القارئ وتزويده بالمعارف العامة.

تنمية القراءة: READING DEVELOPMENT

استخدام الكتب وغيرها من وسائل القراءة لتنمية مهارات القراءة بما يتفق مع احتياجات المتعلم.

القراءة الموجهة: READING, DIRECTED

القراءة التي تتم تحت إرشاد المدرس بما في ذلك قراءة مراجع معينة أو حل مشاكل أو الإجابة على الأسئلة.

القراءة الموسعة: READING, EXTENSIVE

الاطلاع الواسع من مصادر مختلفة بدلاً من القراءة الكثيفة التي تقتصر على الدراسة التفصيلية لعدد محدود من مواد القراءة وتفيد القراءة الموسعة في إثراء التجارب وتنمية المفاهيم الجديدة

وزيادة القدرة على الفهم وحث الاهتمامات الفكرية وتكوين اتجاهات ملائمة نحو التعلم.

القراءة المكثفة: **READING, INTENSIVE**

القراءة التفصيلية التي تتم بعناية مع إعارة اهتمام خاص للغة والتعبير والكلمات والأفكار.

مستوى القراءة: **READING LEVEL**

مستوى التحصيل الذي يصل إليه القارئ، ويقسم عادة إلى درجات أو مراحل.

برامج القراءة: **READING PROGRAMS**

البرامج المخططة في القراءة وتزيد من مهارات القراءة، وهو ما لا يتحقق في تعليم القراءة غير المخطط.

معدل سرعة القراءة: **READING RATE**

سرعة القراءة التي يمكن قياسها بعدد الكلمات التي تقرأ في الدقيقة الواحدة وهناك ارتباط إيجابي ولو أنه ليس كبيراً بين معدل سرعة القراءة والقدرة على الفهم، والقارئ السريع يكون أكثر فهماً بصفة عامة، ويمكن زيادة سرعة القراءة عن طريق الممارسة المستمرة.

قاعة المطالعة: **READING ROOM**

القاعة المخصصة بالمدرسة للمطالعة.

الاستعداد للقراءة: READING READINESS

مرحة من مراحل نمو الطفل وتكامله ضرورية لتمكنه من تعلم القراءة، وتشترط هذه الرحلة عادة بلوغ الطفل سن السادسة والنضج العقلي والجسمي.

الاستدلال: REASONING

عملية استنتاج أي وصول الذهن إلى معرفة المجهول بالاعتماد على المعلوم مع اتباع قواعد المنطق.

الاستدلال التجريدي: REASONING, ABSTRACT

عملية استنباط النتائج عن طريق الرموز أو التعميمات بدلاً من البيانات الحسية.

التسميع، التلاوة: RECITATION

أسلوب للتعليم يعيد فيه الطالب أو يشرح شفوياً المادة التي تعلمها من قبل.

الطريقة الإلقائية: RECITATION METHOD

إحدى طرق التعليم، وهي طريقة قديمة للتدريس ونتائجها سلبية إذ تؤدي إلى الاعتماد على الغير وقد تدعو إلى الثورة النفسية نتيجة لاضطرار من يقوم بالتلاوة إلى كبت آرائه المخالفة أو وجهة نظره المعارضة.

سجل الغياب: RECORD, ABSENCE

السجل الذي يتضمن البيانات الخاصة بتواريخ وأسباب الغياب، وقد يكون عبـارة عن بطاقات تخصص كل منها لأحد الطلبة.

السجل الأكاديمي: RECORD, ACADEMIC

الدرجات التـي حصـل عليهـا الطالـب في الموضوعات المقيد لدراستها، كمـا قـد يتضمن البيانات الخاصة بالإجراءات التأديبية التي اتخذت نحو الطالب.

الحصة: QUOTA

عدد الأفراد المحدد للقبول في مقرر دراسي أو منهج معين.

نسبة التحصيل: QUOTIENT, ACHIEVEMENT

حاصل قسمة العمر التحصيلي على العمر الزمني مضروباً في مائة.

النسبة التعليمية: QUOTIENT, EDUCATIONAL

الحاصل الذي يتم الوصول إليه بقسمة السن الزمنـي ثـم ضربـه في مائـة، ويبـين إنجاز الطالب بالمقارنة بمتوسط إنجاز جميع الطلبة الذين في سنه.

حاصل تعليمي: QUOTIENT, INTELLIGENCE

الحاصل الذي يعبر عن مستوى النمو العقلي بالنسبة إلى السن

الزمنية، وهو حاصل قسمة السن العقلية للفرد على السن الزمنية مضروباً في مائة.

التعليم بالراديو والتليفزيون: RADIO AND TELEVISION EDUCATION:

استخدام الإذاعة في مجال التعليم العام أو الخاص، وتتضمن إذاعة البرامج بمعرفة المدرسين لتحقيق الأهداف التعليمية، وإنتاج واستخدام البرامج داخل الفصول أو إذاعتها لمن هم خارج الفصول الدراسية.

التبرير: RATIONALIZATION:

حيلة دفاعية يعطى بمقتضاها الشخص أسباباً ظاهرة وغير حقيقية لاتجاهات أو أفعال لاشعورية متجنباً بذلك معرفة الأسباب والدوافع الحقيقية كوسيلة للتخلص من القلق أو لدفاع الفرد عن نفسه عند شعوره بالذنب.

الاستجابة، رد الفعل: REACTION:

كل ما يرد به الكائن الحي على تنبيه أعضاء الحس، وتكون الاستجابة إما بدنية أو لفظية أو انفعالية.

مساعد أستاذ: READER:

يستخدم المصطلح في إنجلترا، وهو الذي يشغل المنصب التالي للأستاذ بينما يطلق على المدرس بالتعليم العالي والجامعي Lecturer.

علم النفس التربوي: PSYCHOLOGY, EDUCATIONAL

العلم الذي يعنى بتطبيق مفاهيم علم النفس في ميدان التربية وعلى عمليات التربية، كما يدرس التوجيه التربوي والتعليمي وطرق توزيع التلاميذ على أنواع البرامج التي تتناسب وقدراتهم ويعالج حالات الضعف الدراسي والتحصيلي، ويحل مشكلات التلاميذ النفسية.

المراهقة، البلوغ: PUBERTY

أحد مراحل نمو الفرد تنضج فيها أعضاء التناسل وتصبح قادرة على القيام بوظيفتها ويصحب ذلك نمو الميزات الجنسية الثانوية.

التعليم الرسمي: PUBLIC EDUCATION

مناهج التعليم التي تشرف عليها الحكومة والتي قد تشمل على جميع مراحل التعليم الابتدائي والثانوي والعالي وتعليم الكبار ويقابل التعليم الرسمي التعليم الخاص.

عقاب الطلبة: PUNISHMENT, STUDENTS

الاقتصاص من الطلبة الذين يخالفون النظام بهدف تحسين سلوكهم ولردع الآخرين حتى لا يقترفوا نفس المخالفة.

ومن العقوبات التي توقع على الطلبة تخفيض الدرجات الخاصة بالسلوك، التوبيخ، الإنذار، الفصل لمدة من الزمن الخ.

التلميذ: PUPIL

الطفل الذي يلتحق بروضة أطفال أو مدرسة ابتدائية أو من يدرس تحت إشراف مدرس.

مسرح العرائس: PUPPETS

يستخدم هذا النوع من التمثيل أنواعاً مختلفة من الـدمى (الأراجـوز) والعـرائس ذات الخيوط، والعمل على تحريكها، وهو وسيلة ممتعة من وسـائل التسـلية والـترويح محببة إلى نفوس الصغار.

الطريقة الطبيعية: NATURAL, METHOD

أي طريقة في التعليم تقوم نظرياً على أساس طبيعـة الطفـل أو تجـاري القـوانين الطبيعية للنمو والتعلم.

الطبع والتطبيع، الطبيعة والاكتساب: NATURE-NURTURE

يستعمل هذا المصطلح عـادة للإشارة إلى محاولـة معرفـة مـا إذا كانـت الفـروق الحاصلة في تكامل الكائن الحي وخاصة ما كان منها متعلقاً بالذكاء ناشـئة مباشرة عـن العوامل الوراثية أو العوامل المحيطة.

دراسة الطبيعة: NATURE STUDY

مقرر دراسي عام ببرامج المدارس الابتدائية، يتضمن مقدمة لعلوم النبات والحيـاة والحيوان.

الحاجة: NEED

هي كل ما يتطلبه الإنسان لسد ما هو ضروري من رغبات أو لتوفير ما هو مفيد لتطوره ونموه.

وبعبارة أخرى هي الدافع الطبيعي أو الميل الفطري الذي يدفع الإنسان إلى تحقيق غاية ما داخلية كانت أو خارجية شعورية أو لا شعورية.

الحاجة التعليمية: NEED, EDUCATIONAL

المعرفة والمهارة والاتجاه غير المتوفرة والتي يمكن الحصول عليها وإشباعها خلال التجارب التعليمية.

حاجات الطالب: NEEDS, STUDENT

المطالب الضرورية لتحقيق النمو الأمثل للطالب من النواحي الفكرية والبدنية والخلقية والعاطفية والاجتماعية، سواء فيما يتصل برغباته وقدراته الحالية ومستوى إنجازه، وفيما يحتمل أن يتطلبه الفرد والمجتمع في المستقبل.

السلبية: NEGATIVISM

نمط من السلوك ينتشر عادة بين الصغار، وفي بعض الأحيان بين الراشدين، ويتميز بالجنوح إلى رفض آراء الغير ومطالبهم أو القيام بعمل معاكس لها.

الصحيفة المدرسية: NEWSPAPER, SCHOOL

الصحيفة التي تصدرها المدرسة كوسيلة لتنشيط ونشر ما

يكتبه الطلبة ولإتاحة الفرصة لاتصالهم بالمجتمع.

الطريقة الموضوعية: OBJECTIVE METHOD:

إحدى طرق البحث أو التعليم تقوم على استخدام التجارب الملموسة والإدراك الحسي، متجردة عن الرأي الخاص أو التفسيرات الشخصية، وتتخذ هذه الطريقة أشكالاً عديدة كاستخدام الوسائل السمعية والبصرية في المعمل والقيام بالرحلات الدراسية وإجراء التجارب الخ.

التعليم الموضوعي: OBJECTIVE TEACHING:

التعليم الذي يحدد فيه بوضوح عرض ومعالجة الموضوع وعلى أساس الحقائق مع البعد بقدر الإمكان عن التأثر الذاتي والتحيز كما يقوم إنجاز الطالب على أسس موضوعية.

المشاهدة، الملاحظة: OBSERVATION:

حصر الانتباه نحو شيء ما للتعرف عليه وفهمه، وهي وسيلة هامة من وسائل جمع البيانات في البحوث المختلفة.

طريقة الملاحظة: OBSERVATION METHOD:

إحدى الطرق التي تستخدم في البحث، كملاحظة السلوك الذي يقوم به الفرد مثلاً وتدوينه بطريقة موضوعية دقيقة.

المعلومات المهنية: OCCUPATIONAL INFORMATION:

المعلومات المتعلقة بمختلف المهن من حيث طبيعتها ومواصفات شاغليها وشروط الالتحاق بها الخ ويقوم الموجه التربوي والمهني

بتزويد الطلبة هذه المعلومات في المرحلة النهائية للدراسة الإعدادية.

التدريب خارج العمل: OFF THE JOB TRAINING

التدريب الذي تنظمه المؤسسة بالتعاون مع المدارس المهنية لرفع مستوى مهارات العاملين بها.

التدريب العملي: ON THE JOB TRAINING

التدريب المهني الذي يتم داخل المنشأة سواء أثناء العمل أو في ورشة أو وحدة تدريب.

فرص التعليم: OPPORTUNITIES, LEARNING

الوسائل المتاحة في المنهج الدراسي التي يتعلم الطالب عن طريقها كالتعلم الفردي والتعلم داخل المجموعات وعمليات التفاعل بين المدرس والمتعلم.

فصول الاستدراك: OPPORTUNITY CLASSES

الفصول التي يلتحق بها الطالب لمدة مؤقتة لتقويته في بعض المواد التي لا يتقنها.

ندوة نقاش: PANEL DISCUSSION

مجموعة من المتحدثين من المتخصصين في موضوع معين ومتعددي وجهات النظر وتتكون عادة من ثلاثة إلى ستة أفراد، يدافع كل منهم من ناحية من نواحي موضوع معين امام جماعة من المستمعين الذين قد يشتركون أو لا يشتركون في النقاش.

جميعة الآباء والمدرسين :PARENT-TEACHER ASSOCIATION

جمعية تضم آباء التلاميذ والمدرسين بهدف تنمية أشكال التعاون والتفاهم التـي من شأنها جعل تربية التلاميذ عملية مشتركة بين المنزل والمدرسة.

التعلم بالتجزئة :PART LEARNING

إتقان جزء من مهارة معقدة بعد جزء آخر ثم دمـج الأجزاء المتقنـة بعضها مـع بعض، ومثاله حفظ الشعر شطراً شطراً أو بيتاً بيتاً، وإتقان كل شطر أو بيت على حدة ثم دمجه بالبيت أو البيوت الأخرى.

فصل بعض الوقت :PART-TIME CLASS

نوع من الفصول الدراسية تنظم في برامج التعليم المهني تتيـح للطلبة تقسيم و قتهم بين التعليم النظامي والخبرة العملية في التجارة أو الصناعة.

طالب بعض الوقت :PART-TIME STUDENT

الطالب الذي لا يقوم بالدراسة طول الوقت، وهو عادة الطالب بقسـم الخدمـة العامة أو الذي يدرس بالمراسلة أو يلتحق بالفصول المسائية.

الطريقة التربوية :PEDAGOGICAL METHOD

مجموع المقاصد والإنجازات التربوية ذات الـدرجات المختلفـة مـن البنيـان والتماسك التي تتجه نحو هدف مقبول صراحة أو

ضمناً كطريقة دكرولي وطريقة المشروع (دوللي) وطريقة فروبل وطريقة منتسوري الخ.

الأساليب التربوية: PEDAGOGICAL TECHNCS

مجموع الوسائل والأدوات التي يمكن ان تخدم الطرق التربوية المختلفة كالوسائل السمعية والبصرية.

علم التربية: PEDAGOGY

العلم الذي يبحث في أهداف تنمية الفرد من النواحي البدنية والفكرية والخلقية والمناهج والوسائل التي تستخدم لتحقيق هذه الأهداف.

طريقة الجملة: PHRASE METHOD

طريقة لتعليم القراءة عن طريق قراءة الجملة، أي الابتداء بالجملة بدلاً من الحرف أو الكلمة، وتجاري هذه الطريقة طبيعة نمو اللغة لدى الطفل، لأنه لا يبدأ بالكلام بالأحرف بل بالألفاظ أو بالعبارات التي ترمز إلى معان.

التربية البدنية: PHYSICAL EDUCATION

الجهود التربوية التي تعمل على استغلال ميول الفرد للنشاط الحركي البدني، وذلك بتنظيم أوجه هذا النشاط سواء الفردي أو الجمعي.

المدرسة الرائدة: PILOT SCHOOL

مدرسة تطبق طرق حديثة في التعليم، وتستقبل أساتذة من

مدارس أخرى لتعريفهم بهذه الطرق.

التخطيط التعليمي: PLANNING, EDUCATIONAL

الوسيلة التعليمية لتكييف بنيان ووسائل التعليم مع حاجات المجتمع وأهدافه المستقبلية

اللعب: PLAY

اشتراك الفرد في نشاط رياضي أو ترويحي، واللعب قد يكون حراً أي يتأتى عن دافع طبيعي، كما قد يكون منظماً ويسير بموجب القوانين والأنظمة المعترف بها.

اللعب الحر أو التلقائي: PLAY, FREE

اللعب المستقل الذي يتأتى عن دافع طبيعي ويقتصر على إرشاد المعلم فيه على اختيار الأدوات والمعدات وترتيبها.

اللعب المنظم: PLAY, ORGANISED

اللعب الذي يسير بموجب القوانين والأنظمة المعترف بها، والذي يشرف عليه المعلم أو الرائد للتأكد من أن الجميع يساهمون فيه كلعبة كرة السلة أو كرة القدم مثلاً.

نواحي النشاط الترويحية: PLAYGROUND ACTIVITIES

الأنشطة التي تمارس في الملاعب أو في الهواء الطلق.

سياسة التعليم: POLICY, EDUCATIONAL

تصريح عام أو فهم عام تضعه السلطة التعليمية العليا أو هو

الطريق الذي يجب اتباعه لقيادة وإرشاد التفكير وضبط العمل بالأجهزة التعليمية في المستويات المختلفة وذلك عند اتخاذ قراراتها، وتحدد السياسات المجال الـذي يتخـذ القرار داخله وتضمن اتفاقه مع الأهدف ومساهمته في تحقيقها.

تعليم الفنون التطبيقية: POLYTECHNICAL EDUCATION

التعليم الـذي يـزود الطلبـة بالمعـارف المتعلقـة بالتخصصـات المختلفـة والمبـادئ الرئيسية للإنتاج وتلقينهم المهارات العملية الضرورية للمساهمة في العمل الإنتاجي.

الدراسات العليا: POSTGRADUATE EDUCATION

تعليم نظامي للطلبة الذين أتموا الدراسة في التعليم العالي أو الجامعي.

المرحلة اللاحقة لمحو الأمية أو مرحلة المتابعة: POST-LITERACY

المرحلة التي تبدأ بعد الانتهاء من تعلـم القراءة والكتابـة، وتبـذل فيهـا الجهـود لإتاحة الفرصة لمن أتموا هذه المرحلة لاستخدام المهارات التي تعلموها في القراءة مـما يجعلهم يسايرون المطالب المتجددة للعمل والحياة، ويتطلب ذلك إصدار كتب مبسطة تتناول الموضوعات التي تهم الكبار وتساعد على التثقيف الذاتي.

الممارسة، المزاولة: PRACTICE

التطبيق العملي للافتراضات النظرية، وهي طريقة امتحان حصة أو خطأ تلك الافتراضات، والممارسة هي المقياس السليم لما

هو ممكن ولما هو مستحيل، وتقتضي الممارسة لتحقيق أهداف الفرد توفر الحرية والمسئولية.

المدرسة التطبيقية: PRACTICE SCHOOL

إحدى المدارس الابتدائية أو الثانوية الملحقة بمعاهد إعداد المعلمين، والتي يفسح المجال فيها أمام طلاب هذه المعاهد للاطلاع على طرق التدريس والتمرن عليها تحت إشراف معلمين مدربين.

الأشغال اليدوية: PRACTICUMS

جانب من البرنامج الدراسي يقوم فيه الطلبة بالأشغال اليدوية في المعمل أو الورشة.

ما قبل الشعور: PRECONSCIOUS

الخبرة التي لا تكون موجودة في الشعور في لحظة ما، مع إمكان وجودها فيه عند المحاولة، كما يعني ذلك الجانب من العقل الذي يقع بين الشعور واللاشعور.

المدرسة التحضيرية: PREPARATORY SCHOOL

مدرسة تهدف إلى إعداد الطلبة للالتحاق بمعهد دراسي آخر.

التعليم قبل الالتحاق بالمدرسة: PRE-SCHOOL EDUCATION

التعليم الذي يعطى للطفل حتى السنة السادسة من عمره قبل التحاقه بالمدرسة.

أستاذ غير متفرغ: PROFESSOR, DISTINGUISHED

لقب تمنحه المعاهد التعليمية للأساتذة الممتازين أو الـذين يقومـون بخـدمات
تعدو الخدمات التي يقوم بها الأساتذة الدائمون.

أستاذ زائر: PROFESSOR, VISITING

أحد أعضاء هيئة التدريس بالكلية يشغل مرتبـة أستاذ، ولكـن لأحـدى الأسباب
وللسن بنوع خاص لا يتمتع بالمركز القانوني الذي يتمتع به الأستاذ النظامي.

الرسم البياني للتقديرات: PROFILE CHART

طريقة الرسم البياني لتمثيل النتائج في عدد من الاختبارات تطبق علـى شـخص أو
مجموعة من الأشخاص.

برنامج: PROGRAM

جميع الدروس في أحد حقول الدراسة التي تنظم معـاً لتحقيـق أهـداف واحـدة
عامة أو تسير في اتجاه واحد.

برنامج النشاط: PROGRAM, ACTIVITY

ضرب من البـرامج مبنـي علـى الـتعلم التلقائي وفقـاً لرغبـات التلميـذ وحاجاتـه،
ويقسم هذا البرنامج إلى وحدات أو مشاريع يتولاها الطلاب وتستمد من وقائع الحيـاة
كالعمل في الحديقة أو التمثيل الخ.

برنامج تنمية الكبار: PROGRAM, ADULT DEVELOPMENT

أي برنامج لنواحي النشاط معد لتعليم الكبار أو الترويح عنهم.

محتويات البرنامج: PROGRAM CONTENT

نواحي النشاط ومادة الدرس التي تتعلق ببرنامج تعليمي.

البرنامج النووي: PROGRAM, CORE

١- جزء من البرنامج التربوي يضم النواحي الضرورية لحياة أغلبية الناس وحسن تكيفهم.

٢- جزء من البرنامج المدرسي يفرض على كل طالب.

برنامج الإرشاد: PROGRAM, COUNSELING

ناحية من البرنامج المدرسي تفسح المجال أمام كل طالب للحصول على النصح والإرشاد واتخاذ قرار ما يتعلق بشئونه التربوية أو المهنية أو الاجتماعية.

برامج التقوية: PROGRAMS, ENRICHMENT

مد نطاق المنهج لتوفير فرص تعليمية إضافية للطلبة الممتازين.

التربية التقدمية: PROGRESSIVE EDUCATION

حركة تربوية مرتبطة بتعاليم وفلسفة جون ديوي تدعو إلى ربط التعليم بالغايات العملية أو البراجماتية، وتعمل على احترام شخصية الطفل وزيادة حريته في اتخاذ قراراته كما تراعي

حاجاته الحقيقية المستمدة من الحياة، واستثارة اهتماماته الذاتية، كما تدعو إلى عدم التعصب لوسائل معينة والجزم بصحتها دون غيرها، بل تجربة كل الوسائل التربوية بروح تجريبية متحررة.

مدرسة تقدمية: PROGRESSIVE SCHOOL

نوع من المدارس الانتقالية التي تتخلى عن الطرق التقليدية بدرجات متفاوتة وتعيد تنظيم مناهجها على أسس تقدمية.

طريقة المشروع: PROJECT METHOD

إحدى طرق التعليم يقوم فيها الطلبة كل بمفرده أو بالاشتراك مع بعضهم البعض بمهمة جمع البيانات الخاصة بأحد المشاكل وإجراء الدراسة مستقلين عن المدرس الذي يقدم المساعدة عند الحاجة إليها فقط.

الإسقاط: PROJECTION

حيلة دفاعية يحمي بها الفرد نفسه من مشاعره غير المقبولة بأن ينسبها إلى الآخرين.

طريقة الإسقاط: PROJECTIVE METHOD

طريقة تستخدم لدرس بعض المشكلات الشخصية فتحمل الطالب على القيام بعمل إبداعي كرسم صورة أو تفسيرها، وعندها يحلل هذا العمل لمعرفة قيم الطالب ودوافعه وعقده وطرق تكيفه الخ.

وهي تقوم على الاعتقاد بأن محتوى النفس وبنيتها وحقيقة المرء ودوافعه ومشاعره إنما تنعكس عفوياً فيما تنطوي عليه الصورة التي يرسمها المرء أو يفسرها.

جهاز العرض: **PROJECTOR**

جهاز يعرض الصور والأفلام والشرائح الشفافة على الشاشة لإظهار صور مكبرة لتشاهدها جماعة ما.

الطريقة السيكولوجية: **PSYCHOLOGICAL APPROACH**

١- إحدى طرق التدريس التي تعرض المواضيع والآراء الجديدة بطريقة تلائم طبيعة التلميذ، وتعتمد الاختيارات والاختبارات ذات الدلالة بالنسبة إليه.

٢- إحدى طرق الإرشاد التي تأخذ بعين الاعتبار كيفية تعلم التلميذ وتحديد مشكلاته، وتقدم له الإرشاد والتوجيه من خلال الأشياء التي يفهمها.

علم نفس الشواذ: **PSYCHOLOGY, ABNORMAL**

فرع علم النفس الذي يدرس شذوذ الظواهر العقلية والسلوكية بهدف التعرف على أسبابها وعلاجها.

التعلم الحسي: **LEARNING, PERCEPTUAL**

التعلم الذي يكتسب كله أو جله بواسطة الحواس.

هضبة التعلم: LEARNING PLATEAU

فترة لا تظهر فيها آثار التقدم في التعلم، ولا تتسم بأي تغير في منحنى التعلم، بما يفيد أن التعلم قد توقف مؤقتاً، وترجع هضبة التعلم إلى التعب، أو فقدان الدافعية أو الحاجة إلى دعم مستوى المهارة قبل الشروع في تعلم المهارة التالية الأعلى.

الاستظهار: LEARNING, ROTE

التعلم بدون فهم، كاستظهار مقاطع دون إدراك معناها.

نظرية التعلم: LEARNING THEORY

الإطار الفكري الذي يفسر مجموعة من الفروض الفكرية ويضعها في نسق علمي مترابط بشأن شروط قوانين التعلم.

التعلم عن طريق المحاولة والخطأ: LEARNING, TRIAL AND ERROR

أحد أشكال التعلم يبذل فيه الدارس محاولات مختلفة حتى ينجح إحداها.

التعلم التصوري: LEARNING, IDEATIONAL

التعلم عن طريق ربط الأفكار، أو الحفظ عن ظهر قلب، وهو عكس التعلم الحركي Motor learning أي تعلم المهارات الحركية.

التعلم العرضي :LEARNING, INCIDENTAL

التعلم الذي يتم عرضاً نتيجة نشاط أو اختبار من دون أن يستهدف هذا النشاط
أو الاختبار ذلك التعلم بصورة عمدية.

التعلم القصدي :LEARNING, INTENTIONAL

التعلم الذي يتم وفقاً لمنهاج أو خطة موضوعة سابقاً.

قوانين التعلم :LEARNING, LAWS OF

الشــروط التــي في ظلهــا يحــدث التعليــم، وأشــهرها قوانيــن "ثورنــدايك" و"هــل"
و"قولمــان" و"جــتري" وهــي الجــدة والتــواتر والوضــوح والأثــر والتــدريب والاستعداد
والاستيعاب.

الفرص التعليمية :LEARNING OPPORTUNITIES

الوسائل المتاحة في منهج الدراسة التي يتعلم الطالب عن طريقها، كالتعليم
الفردي والتعليم داخل المجموعات الصغيرة وعمليات التفاعل بين المدرس والطالب.

التعلم بالتجزئة :LEARNING, PART

إحدى طرق التعلم التي يعمد فيها إلى تقسيم الوحدة المراد تعلمها إلى أجزاء
وتعلم كل جزء منها على حدة.

قانون الحداثة :LAW OF RECENCY

أحد قوانين التعليم ويقرر أن تذكر الأشياء التي تعلمها المرء

حديثاً يكون أسهل وأفعل من تذكر سواها، هذا إذا تساوت العوامل الأخرى.

الكسل: LAZINESS

نفور التلميذ من القيام بالجهود التي يبذلها عادة زملاؤه في الدراسة، وقد يرجع ذلك لأسباب بدنية أو عائلية أو سيكولوجية.

التعلم: LEARNING

عملية تعديل السلوك والخبرة، وتزويد الفرد بالمعارف والمهارات.

ويقاس مدى تقدم الفرد في التعلم بسرعة الأداء والتحرر من الخطأ، والقدرة على التنسيق والاقتصاد في الوقت.

التعلم المجرد: LEARNING, ABSTRACT

التعلم القائم على إدراك المفاهيم والعلاقات المجردة.

منحنى التعلم: LEARNING CURVE

تمثيل بياني للتقدم في الكفاءة خلال فترات متلاحقة من التدريب برصد مرات الصواب والخطأ على المحور الرأسي والمحاولات على المحور الأفقي، وذلك في فترات زمنية متساوية أو وحدات إنجاز متساوية.

مختبر دراسة اللغات: LANGUAGE LABORATORY

مختبر يستخدم الوسائل السمعية البصرية لتعليم اللغات،

ويستطيع الطالب في هذا المختبر أن يتكلم وأن يستمع إلى صوته، كما يمكن للمدرس أن يتدخل لتسجيل إجابات الطالب.

ممتاز: LAUREATE

الشخص الحائز على تقدير او تشريف خاص لنبوغه في فن أو علم.

قانون عدم الاستعمال: LAW OF DISUSE

أحد قوانين التعلم التي تقرر على أنه كلما أهمل استعمال الرابطة القائمة بين منبه واستجابة صعب تذكر تلك الرابطة وذلك عند تساوي الأمور الأخرى.

قانون الأثر: LAW OF EFFECT

المبدأ القائل بأن الارتباطات بين المنبه والاستجابة تقوى إذا كانت الاستجابة ناجحة أو كانت تستتبع المكافأة، وتضعف إذا كانت الاستجابة غير ناجحة أو تستتبع العقوبة.

قانون الاستعداد: LAW OF READINESS

مبدأ قال به "تورندايك" ويقرر أن القيام بعمل ما يكون مدعاة للغبطة عندما يكون المرء مستعداً له، بينما ينجم الإزعاج عن الإقلاع عنه أو القيام به عندما لا يكون المرء مستعداً له.

الكلمات الأساسية: KEY WORDS

الكلمات الهامة التي يتكرر استخدامها، وتعد أساسية عند تعلم القراءة.

روضة الأطفال: KINDERGARTEN

منشأة لتعليم الأطفال قبل الالتحاق بالمدرسة، وتطبق المبادئ التربوية الحديثة،
والتوسع في استخدام الوسائل السمعية والبصرية، كما تفسح المجال أمام الطفل للعب
لتنمي فيه روح التعاون مع الغير وتعده للانتقال من حياة البيت إلى المدرسة.

حقائب المواد التعليمية: KIT OF LEARNING MATERIALS

حقائب صغيرة تحتوي على المواد والأدوات والأجهزة الصغيرة التي يستطيع
الدارس عن طريقها إجراء التجارب والتدرب على المهارات التي يتطلبها البرنامج
الدراسي، وتختلف محتويات الحقائب التعليمية تبعاً لنوع البرنامج الدراسي المصاحب
لها.

المعرفة: KNOWLEDGE

مجموعة الوقائع والحقائق والمفاهيم والمعلومات التي تتكون لدى الإنسان
نتيجة لمحاولات متكررة لفهم الأشياء والظواهر المحيطة به.

الحكم: JUDGEMENT

العملية العقلية التي يمكن بموجبها الفرد من إيجاد علاقات والوصول إلى نتائج
وآراء ومعتقدات.

ويصل الفرد إلى أحكامه على أساس النمط الكلي لمحتوى خبراته السابقة.

التسويغ، التبرير: JUSTIFICATION

التبرير في علم النفس هو أن يحلل الفرد في نظره ونظر الآخرين رأياً أو تصرفاً أو عملاً، ويرجع السبب في هذا التبرير إلى الهوة التي توجد بين السلوك والأفكار أو بين ما يعمله الإنسان وما يفكر فيه.

الأحداث: JUVENILES

هم الذين يتراوح سنهم بين ١٢ و١٧ سنة.

جناح الأحداث: JUVENILE DELINQUENCY

الموقف الاجتماعي للحدث الذي يؤدي إلى انحرافه وارتكابه للجرائم.

الذكاء الاجتماعي: INTELLIGENCE, SOCIAL

١- القدرة على التكيف وفقاً للمحيط الاجتماعي والعمل على تحسينه.

٢- قدرة الفرد على مجابهة العلاقات الاجتماعية الجديدة مجابهة فعالة.

مدة التمرين: INTERNSHIP

مدة تمرين وتجربة يساهم فيها المعلم بالانصراف الكامل طيلة النهار إلى ممارسة واجبات التعليم، وتأتي هذه المدة عادة في أعقاب السنة الأخيرة من سني الدراسة.

أما التمرين على التدريس خلال فترات متقطعة فلا يدخل في حساب هذه المدة.

الاهتمام: INTEREST

العنصر الوجداني في الانتباه وذلك بانحصار العقل في شيء أو موضوع ما.

استبيان الميول: INTEREST INVENTORY

قياس ميول الفرد في مختلف الأنشطة، ويمكن استخدام نتائجه في التوجيه المهني.

المقابلة الأولية: INTERVIEW, INITIAL

أول مقابلة تتم بين الموجه والطالب الذي يلتحق بأحد المعاهد.

الذكاء المتاخم: INTELLIGENCE, BORDERLINE

مستوى الذكاء العقلي عند الذين لا يمكن تصنيفهم بين الأسوياء ولا بين ضعفاء العقول، وتستعمل هذه اللفظة عادة للدلالة على ذكاء من هم في المراتب العليا من مراتب ضعف العقل والذين يستطيعون في الظروف الاجتماعية الملائمة أن يتكيفوا تبعاً للكثير من أوضاع الحياة دون الحاجة إلى عناية خاصة.

الذكاء الحسي: INTELLIGENCE, CONCRETE

المقدرة على معالجة الأشياء الواقعية واستخدامها في مجابهة الأوضاع الجديدة مجابهة فعالة، ويستعمل هذا اللفظ في التربية

للدلالة على المقدرة على القيام بالأعمال التي تتطلب معالجة الأشياء الملموسة كالأشغال اليدوية أو الميكانيكية أو الحياكة وسواها.

الذكاء العام :INTELLIGENCE, GENERAL

المقدرة العامة على التكيف الهادف التي تتميز عن المقدرة الخاصة أو القدرات المستقلة التي يتحلى بها المرء.

قياس الذكاء :INTELLIGENCE MEASUREMENT

قياس الذكاء يكون بقياس النشاط العقلي المعرفي للفرد مقارناً بمستوى النشاط المعرفي لجيل الفرد أو أقرانه.

حاصل الذكاء :INTELLIGENCE QUOTIENT

نسبة يتم الحصول عليها بقسمة عمر الفرد العقلي كما تسفر عنه الاختبارات على عمره الزمني وضرب الكل في مائة.

التعليم بالمراسلة :INSTRUCTION, CORRESPONDENCE

نظام التعليم عن طريق المراسلة وغيرها من الوسائل الذي يقوم به معهد خاص بهذا النوع من التعليم.

التعليم الفردي :INSTRUCTION, INDIVIDUALISED

أحد أشكال التعليم الذي يتصف بالمرونة ويتحمل فيه الدارس مسئولية اختيار البرنامج الذي يلائمه، والسير فيه في أي مستوى تعليمي وفي أي موضوع طبقاً لمقدرته وذلك تحت إرشاد المدرس.

حقيبة التعليم المبرمج: INSTRUCTION PACKAGE, PROGRAMMED

جميع محتويات وحـدة معينـة مـن وحـدات التعليم المبرمج وتتضـمن المـواد والمعينات التعليمية ودليل الطالب والاختبارات الخ.

التعليم المبرمج: INSTRUCTION, PROGRAMMED

أسلوب تعليمي يقوم على اعتماد الدارس علـى نفسـه في الـتعلم بحيـث يسـير في التعلم حسب سرعته الشخصية عن طريق البرنامج المعد لهذا الغرض.

وتقدم المواد المبرمجة في كتب أو فيلم أو آلة تعليمية، وتقسم المواد المراد تعلمها إلى أجزاء ترتـب منطقياً وتقدم إلى الـدارس في صـورة برنامج مكون مـن خطـوات أو إطارات، ويتفاعل الطالب باستمرار مـع البرنامج، فبعـد كـل خطـوة أو إطار يتطلـب البرنامج استجابة معينة من الدارس.

التبصر، البصيرة: INSIGHT

١-   الإدراك المباشر لقضية أو مفهوم ما.

٢-   إدراك الحقيقة بصورة فورية فجائية.

أما في العلم الحديث فيعنى التوصل بصورة تلقائيـة إلى فكـرة جديـدة أو إعـادة تنظيم وضع ما بعد شيء من التحليل.

التفتيش التعليمي: INSPECTION, SCHOOL

الرقابة التي يقوم بها مفتشو التعليم على معاهد التعليم للتأكد مـن حسـن سـير الدراسة بها، ويخصص مفتشون لكل نوع من أنواع المواد الدراسية.

المعهد العمالي :INSTITUTE, WORKERS'

معهد تلقى فيه سلسلة من المحاضرات كما تجري فيه المناقشات عن مشاكل العمل والعمال والعلاقات الصناعية تحت إشراف كلية أو جامعة بالتعاون مع المنظمات العمالية.

التعليم :INSTRUCTION

العملية التي يمد فيها المعلم الطالب بالتوجيهات وتحمله مسئولية إنجازات الطالب لتحقيق الأهداف التعليمية.

التعليم السمعي البصري :INSTRUCTION, AUDIOVISUAL

نوع التعليم الذي يهتم بإنتاج واختبار واستخدام مواد التعليم التي لا تعتمد على الكلمة المطبوعة وحدها كالشرائح والأفلام والنماذج والتسجيلات لمعاونة الطالب على فهم الموضوع.

مكتبة الوسائل السمعية والبصرية :MEDIA LIBRARY

المكان الذي توضع فيه مختلف الوسائل السمعية والبصرية من أشرطة صوتية، أفلام ميكروفيلم.. فيديو الخ.

الذاكرة :MEMORY

القدرة على التذكر أي استرجاع ما حدث في الماضي إلى الحاضر وهي من أهم الوظائف العقلية.

سعة الذاكرة :MEMORY SPAN

قوة الاستيعاب، أي مقدار ما تستطيع الذاكرة أن تلم به في

آن واحد على أثر اختبار واحد، وتقاس سعة الذاكرة بعدد الوحدات التي يمكن أن يتذكرها الفرد بعد اختبارها مرة واحدة.

القدرة العقلية: MENTAL ABILITY:

قدرة فطرية كالقدرة الاستقرائية والتذكر والقدرات الرياضية والميكانيكية والحركية.

العمر العقلي: MENTAL AGE:

العمر الذي تحدده اختبارات الذكاء المعدة ليناسب كل منها سناً معينة، أي أن درجة ذكاء الفرد محسوبة بالسن الزمنية التي تبلغ فيها غالبية الناس في بيئته نفس الدرجة من الذكاء.

أدوات تعليمية: MATERIALS, DIDACTIC:

مجموع الأدوات التي تعاون المدرس على عرض وتوضيح الوقائع والتجارب وتسهل عملية تعليم التلاميذ كالسبورة وغيرها.

أدوات التعلم الذاتي: MATERIALS, SELF-TEACHING:

الأدوات التعليمية المخصصة لاستثارة سلوك الطالب ونجاحه في دراسته.

امتحان القبول بالجامعة: MATRICULATION:

العملية الشكلية التي تتم بتسجيل الفرد وقبوله كطالب يتمتع بالحقوق والمزايا التي يكتسبها من الالتحاق بالكلية أو الجامعة.

النضج :MATURITY

المرحلة التي يتم فيها النمو البدني والعقلي والانفعالي للفرد.

وسيلة التعليم :MEDIA, INSTRUCTIONAL

الصورة الأساسية التي تصل بها خطة التعليم للمتعلم بما في ذلك التعلم وجهاً لوجه الذي يقوم به المدرس في الدراسة أو خارجها، أو توصيل التعليم عن طريق الكتب وأشرطة التسجيل والتليفزيون وغيره من الوسائل السمعية البصرية.

التشويق، الحفز :MOTIVATION

استثارة النشاط وتوجيهه نحو غاية معينة أو استثارة رغبة الطالب في العمل على الوجه المرجو، وهو يتضمن عادة عملية اختيار مواد الدراسة وعرضها بشكل يثير رغبة الطالب في العمل بشوق وحماس متواصلين، كما يتضمن استخدام مختلف الوسائل والمشوقات كمنح الجوائز أو الحث على بز الأقران.

الدافع :MOTIVE

عامل انفعالي حركي يثير نشاط الفرد للأداء والإنجاز أو تحقيق غاية، وينشأ داخل الفرد بسبب وجود نقص أو وجود حاجة إلى إشباع جسمي أو نفسي معين.

دوافع التعلم :MOTIVES, LEARNING

الجهود والرغبات التي يبذلها الطالب لتحقيق مستوى معين من النجاح وبلوغ الأهداف التعليمية.

صنع النماذج: MOULDING

صنع النماذج من الصلصال، وهي من أهم وسائل التعبير في دور الحضانة فهي أقرب للواقع بالنسبة للأطفال عن الرسم والتصوير.

المتحف التربوي: MUSEUM, EDUCATIONAL

منشأة علمية وثقافية تهدف إلى عرض كل ما يتعلق بتطور التربية وطرقها ومنشآتها بأسلوب عرض جذاب ليفيد منها الباحثون والدارسون.

نموذج، مجسم: MODEL

تقليد مماثل لأي شيء يراد الشرح عليه، ويستخدم بدلاً من الأصل في حالة تعذر استحضار الأصل للشرح.

ويساعد النموذج في الشرح داخل الفصول التدريبية.

عريف: MONITOR

شخص أو طالب يعهد إليه القيام ببعض الأعمال الروتينية لمعاونة المدرس فيما يتعلق بسير العمل بالمدرسة، كحفظ النظام عند وجود المدرس أو توزيع كراسات الواجبات الخ، وخاصة في الفصول التي تضم عدداً كبيراً من التلاميذ.

التربية الخلقية: MORAL EDUCATION

تعليم قواعد السلوك السليم وتنمية الخلق، وقد يدرج هذا الموضوع ضمن برنامج التعليم الديني أو برنامج التربية الوطنية.

الفضيلة: MORALITY

الصفة التي تنحو بالفرد إلى فعل الخير وتجنب الشر، وهي جوهر السنن الخلقية، مما يستتبع الالتزام بها طبقاً للتقاليد السائدة في المجتمع.

الميكروفيلم, الفيلم الدقيق: MICROFILM

فيلم يستخدم لتسجيل المستندات الخطية أو المطبوعة من المؤلفات أو الصحف والمجلات، ويتم تصويرها على إطارات منفردة من الفيلم، بحيث يمكن عرض هذه الصور فيما بعد بواسطة جهاز خاص يكبر الصور المجهرية حتى تسهل قراءتها.

الذهن: MIND

مجموع نواحي النشاط التي عن طريقها يستجيب الفرد باعتباره نسقاً ديناميكياً متكاملاً للقوى الخارجية دون إغفال لماضيه.

سوء السلوك: MISBEHAVIOUR

كل تصرف يسيء إلى أصول الآداب العامة والمعايير الاجتماعية المرعية، إما بازدرائها أو عصيانها والتمرد عليها، أي أنه سلوك يعوزه التكيف وفقاً لمستلزمات الأوضاع المختلفة ويرافقه عادة اضطراب داخلي.

نموذج صغير: MOCK UP

وسيلة تعليمية ذات ثلاثة أبعاد توحي بأنها تقليد للشيء الأصلي، ولكن هـذا التقليد لا يتضمن بالضرورة تماثلاً في الشكل، كما نجده مثلاً في حالة النماذج، وتستخدم النماذج في تعليم الجغرافيا والعلوم.

التخلف العقلي: MENTAL DEFICIENCY

توقف نمو الـذهن في مرحلـة الطفولـة قبل اكتمالـه، ويرجـع لعوامـل وراثيـة أو مرضية وينتج عن التخلف العقلي قصور في الفهم والتصرف وعدم القدرة على التكيف الاجتماعي.

الصحة النفسية: MENTAL HYGIENE

العلم الذي يهدف إلى الحفاظ على صحة الإنسان النفسية، ومكافحة الاضطرابات النفسية والانحرافات الخلقية، وانتـزاع بـذور الأمـراض العقليـة قـبل نموهـا واستفحال أمرها، ونشر مبادئ الصحة العقلية.

النضج العقلي: MENTAL MATURITY

بلوغ تمام النمو العقلي لدى الفرد في مرحلة مـن مراحـل عمـره طبقاً لاختبارات الذكاء.

اختبارات الذكاء: MENTAL TESTS

اختبارات نمطية لقياس القدرات العقلية.

التعليم الجماهيري: MASS EDUCATION

عملية تعليم الراشدين في جماعات كبيرة عن طريق الراديو والتليفزيون والأفلام السينمائية والصحف بما يؤثر في اتجاهات الجماهير.

وسائل الاتصال الجماهيرية: MASS MEDIA

الطرق التي يمكن بها إيصال الأفكار أو الآراء إلى عدد كبير من الأفراد المستقبلين المنتشرين في أماكن بعيدة ومتفرقة كالصحف والراديو والتليفزيون والسينما الخ.

درجة الماجستير: MASTER DEGREE

درجة جامعية تمنح عادة بعد إتمام سنتين دراسيتين بعد شهادة إتمام الدراسة الجامعية.

شهادة الماجستير: (.MASTER OF ARTS (M.A

الدرجة التي تمنح لطلبة الجامعات الذين أتموا بعض المطالب الدراسية والتي لا تقل مدتها عن سنتين.

رسالة الماجستير: MASTER THESES

تقرير مكتوب بالطريقة العلمية يقدم للحصول على درجة الماجستير.

الإدارة المدرسية :MANAGEMENT, SCHOOL

إدارة المدرسة مع التأكيد على بعض المسائل كحفظ ا لنظام وتوفير ما تحتاج إليه من أدوات وصيانة المباني والأراضي وتوفير الراحة المادية.

تنمية القوى العاملة :MANPOWER DEVELOPMENT

إعداد وتدريب القوى العاملة لمقابلة احتياجات برامج التنمية الاقتصادية والاجتماعية بالقوى العاملة بأنواعها المهنية المختلفة.

الأشغال اليدوية :MANUAL WORK

نشاط يثير الحواس والحركة من أجل أهداف تربوية وينظم في التعليم الابتدائي.

طريقة تدوين الدرجات :MARKING SYSTEM

الطريقة التي تستخدم لتسجيل مدى إنجازات الطلبة في الدراسة، كاستخدام الأرقام من صفر إلى ١٠ أو من صفر إلى ٢٠ أو باستخدام الأحرف أ، ب، ج، د أو باستخدام الكلمات ممتاز، جيد جداً، جيد، فوق المتوسط، ضعيف، ضعيف جداً.

فصل بدون مستوى :NONGRADED CLASS

فصل يلحق به التلاميذ وفقاً لإنجازهم، وليس وفقاً لسنهم أو لمستوى معين.

كراسة الملاحظات: NOTE BOOK

الكراسة التي يحتفظ بها الطالب ليدون بها البيانات بالفصل والمنزل كالإرشادات الخاصة بالدراسة، وبيانات الكتب التي تم الاطلاع عليها وتدوين الواجبات الدراسية التي يجب أن يقوم بها.

تعليم الأطفال: NURSERY EDUCATION

تربية الطفل في مرحلة ما قبل الدراسة، وتهدف إلى تنميته جسمياً وعقلياً وصحياً وعاطفياً واجتماعياً وغرس العادات المستحبة فيه.

مدرسة مسائية: NIGHT SCHOOL

أنشطة لا أكاديمية أو عملية: NON-ACADEMIC ACTIVITIES

الأنشطة التي تتضمن الدروس العملية، وما يتعلق بإدارة الأفراد والأشياء كالحِرف والتدبير المنزلي الخ.. تمييزاً لها عن دراسة اللغة والتاريخ والاقتصاد والرياضة والعلوم الخ.

أنشطة خارج المقررات الدراسية: NON-COURSE ACTIVITIES

مقرر دراسي لا يؤدي إلى مؤهل: NONCREDIT COURSE

التعليم خارج نطاق المدرسة: NONFORMAL EDUCATION

نواحي النشاط أو البرامج التي تنظم خارج نطاق المعاهد الدراسية ولكن لتحقيق أهداف تعليمية.

كما قد يقصد بهذا الاصطلاح ما يحصل عليه الفرد مدى حياته من مهارات واتجاهات ومعارف من واقع خبراته اليومية والمؤثرات المختلفة التي يتعرض لها في بيئته ومجتمعه المحلي وفي أسرته وفي عمله وعن طريق وسائل الإعلام.

العائد التعليمي: OUT PUT, EDUCATION

عائد التعليم هو الفرق بين الاستثمار الذي خصص لتعليم الفرد في المراحل المختلفة، و بين ما يعود عليه من دخل في الحاضر والمستقبل، ويحسب الاستثمار أو التكلفة على أساس المصروفات المدرسية ونفقات المعيشة للتلميذ إلى جانب كل ما قد يدخل من تكلفة في تعليم الطفل عن طريق معونة الدولة أو أي نوع من الخدمات العامة.

الطلبة الموهوبون: OVERACHIEVERS

الإفراط في العناية: OVERPROTECTION

الإفراط بالعناية بالطفل كالتدليل والتساهل لدرجة الحيلولة بينه وبين فرصة مواجهة المتاعب والمشكلات الضرورية لنموه الطبيعي.

العمل فوق الطاقة: OVERWORK

العمل الذي يزيد عن قدرة واحتمال الفرد بدنياً وعقلياً مما يؤدي إلى زيادة التعب، فيفقد الفرد حيويته ويشعر بالقلق والضعف بل والاضطراب العقلي أحياناً.

التوجيه: ORIENTATION

١- عملية تحديد مركز المرء أو اتجاهه، كتعيين الجهة التي يجب أن يسـير فيهـا أو من الناحية المعنوية كتكيف المرء وفقاً لوضع معقد مربك أو تفهم مشكلة الخ.

٢- عملية تعريف الطالب ببعض عوامل محيطه المدرسي، مثل القوانين والأنظمـة والتقاليد وسواها لكي يتمكن من التكيف وفقاً لها.

الأصالة: ORIGINALITY

القدرة على الإبداع والابتكار في إنتاج أدوات أو مخترعات أو أعمال فنية أو أدبية، وبعبارة أخرى امتياز الشخص على غيره بصفات جديدة صادرة عنه.

التعليم خارج المدرسة: OUTDOOR EDUCATION

١- أسلوب تعليمي تلقن بمقتضاه الخبرات التعليمية في مجالات المـنهج التعليمـي، كما تستخدم فيه الموارد الطبيعية والمجتمعية والبشرية خارج الفصول الدراسية التقليدية كحافز للتعلم وكوسيلة لإثراء المـنهج وبعـث الحيويـة فيـه، ويتحقـق ذلـك بدراسـة البيئـة مباشرة لتنميـة المعرفـة والفهـم والاتجاهـات والسـلوك والمهارات.

٢- التعليم الذي تقوم به أية مؤسسـة خـارج المدرسـة، والـذي يهـدف إلى تنميـة معارف وخبرات الأفراد.

تكامل الشخصية: PERSONALITY, INTEGRATION OF

١- عملية تكامل الشخصية بحيث ينتفي التضارب بين دوافع الفرد الرئيسية وقيمه، فتنسق هذه الدوافع والقيم وتدعم كل منها الأخرى.

٢- تضافر عناصر الشخصية المختلفة على تحقيق الانسجام النفسي، بحيث تكون الاستجابات المختلفة لوضع ما، ولا سيما العقلية منها والانفعالية منها منسجمة فيما بينها.

بناء الشخصية: PERSONALITY STRUCTURE

السمات التي تتكون منها الشخصية المعرفية او المزاجية أو الديناميكية، والتي على أساسها يكون سلوك الشخص في المواقف التي تواجهه في حياته اليومية.

موظفو التعليم: PERSONNEL, EDUCATION

الموظفون الـذين يتولـون الإدارة والإشراف والمدرسون الـذين يستخدمون في المعاهد الدراسية لتنفيذ البرنامج التعليمي.

فلسفة التعليم: PHILOSOPHY OF EDUCATION

محاولة دقيقة ونقدية ومنهجية وفكرية للنظر إلى التعليم ككل وكجزء متكامل من ثقافة الإنسان.

كما يقصد بها الفلسفة التي تستخدم لتفسير وتقييم مشاكل التعليم مـن حيـث صلتها بالأهداف والممارسات والنتائج والحاجات الاجتماعية ومواد الدراسة وغيرها مـن النواحي التعليمية.

الإدراك الحسي: PERCEPTION

عملية عقلية نعرف بها العالم الخارجي، وهي تعتمد على الإحساسات المباشرة بالإضافة إلى مجموع العمليات العقلية المختلفة مثل التذكر والتخيل والحكم.

الشخصية: PERSONALITY

نظام متكامل من مجموعة الخصائص البدنية والوجدانية والنزوعية والإدراكية التي تعين هوية الفرد وتميزه عن غيره من الأفراد تميزاً بيناً، وكما تبدو للناس أثناء التعامل اليومي الذي تقتضيه الحياة الاجتماعية.

خلل الشخصية، قصور الشخصية: PERSONALITY DEFECT

نقص في قدرة الشخص على مجاراة مستوى معين أو نمط خاص من السلوك.

فترة الاختبار: PROBATION PERIOD

الأشغال العملية التي تتم خلال مدة محددة يقوم خلالها المتدرب بإتمام تدريب مهني.

طريقة التعلم عن طريق حل المشاكل: PROBLEM METHOD

أحدى طرق التعليم التي تعمل على حفز التعلم عن طريق خلق مواقف تحدي تطلب حلاً.

حل المشكلات: PROBLEM SOLVING

التكيف مع وضع من الأوضاع عن طريق الحصول على صيغ جديدة من الاستجابة، ويستعمل المصطلح للدلالة على التعلم المشتمل على قدر من التبصر.

مراقب الطلبة أثناء الامتحانات: PROCTOR

الشخص الذي يعاون في إدارة الامتحانات ومراقبة الممتحنين.

التعليم المهني: PROFESSIONAL EDUCATION

التعليم الذي يعد الأفراد لمزاولة إحدى المهن.

الإعداد للتأهيل المهني: PREVOCATIONAL PREPARATION

الإعداد الذي ينمي فكرة العمل اليدوي وتذوقه وتقديره كجزء لا يقل أهمية عن التعليم العام، ويتم ذلك بتزويد التلاميذ بالمبادئ الأساسية عن عدد من مختلف المهن، وتنظيم الزيارات للمشروعات الصناعية المختلفة، وتمكن هذه الدراسة من الكشف عن استعدادات التلاميذ وميولهم وتعاون في توجيههم المهني.

التعليم الابتدائي: PRIMARY EDUCATION

أول مرحلة من مراحل التعليم العام الموجه للأطفال، ويتراوح سن القبول والسن الذي تنتهي فيه هذه المرحلة

التعليمية تبعاً للنظام المتبع لكل بلد.

ويزود الأطفال في التعليم الابتدائي بالمهارات الأساسية في اللغـة القوميـة ومبـادئ الحساب والجغرافيا والأشغال اليدوية الخ.

التعليم الخاص: PRIVATE EDUCATION

التعليم الذي تتولاه وتشرف عليـه هيئـات خاصـة في جميـع مراحلـه مـن روضـة الأطفال حتى الجامعة.

برنامج الدراسات: PROGRAM OF STUDIES

مجموعة من المقررات الدراسية معـدة داخـل وحـدات تعلـيم بهـدف تحقيـق أهداف تعليمية معينة، وقد تشمل أنشطة تمارس خارج المعهد الدراسي.

برنامج الخدمات العامة: PROGRAM, PUBLIC SERVICES

البرنامج الذي يتضمن الأنشطة التي توجه لأفراد غير الطلبة النظاميين، وذلك عن طريق الراديو والتليفزيون والمحاضرات والمقررات الدراسية والخدمات الإعلامية وإعارة الكتب والمؤتمرات وإصدار النشرات الخ.

كتاب مبرمج: PROGRAMMED BOOK

كتاب منظم بطريقة تختلف عن طرق العرض العادية، حيث تعد المادة العلميـة مقدماً وتقسم إلى أجزاء أو وحدات

صغيرة (إطارات) تستدعي من الدارس استجابة يسجلها في مكان خاص ثم يوجه الدارس فوراً إلى مقارنة إجابته بالإجابة الصحيحة المسجلة في مكان خاص.

التعليم المبرمج :PROGRAMMED INSTRUCTION

إحدى طرق التعليم الفردي تمكن الفرد من أن يعلم نفسه بواسطة برنامج أعد بأسلوب خاص، ويعرض هذا البرنامج المادة العلمية في صورة كتاب مبرمج أو جهاز تعليمي أو فيلم مبرمج.

برنامج يومي :PROGRAM, DAILY

خطة عامة للعمل تنظم بمقتضاها المواعيد والأمكنة التي تزاول فيها نواحي نشاط المنهاج التي يقوم بها الطلبة والمدرسون وباقي العاملين بالمؤسسة التعليمية.

برنامج الأنشطة اللامنهجية :PROGRAM, EXTRA-CURRICULAR

برنامج الأعمال التثقيفية الخارجة عن نطاق الصف والتي تقع عادة تحت رقابة المدرسة ويتمتع فيها الطلاب بشيء من الحرية في الاختيار والتصميم كالرياضة والألعاب والتمثيل والموسيقى الخ.

برامج التعليم بالمؤسسات :PROGRAMS, INPLANT

برامج التعليم والتدريب التي تنظم بالمؤسسات التجارية والصناعية.

برنامج تعليمي: PROGRAM, INSTRUCTIONAL

ملخص الإجراءات والمقررات الدراسية والموضوعات التي تنظمها المدرسة خلال مدة معينة كفترة ستة أشهر أو سنة.

برنامج متكامل: PROGRAM, INTEGRATED

خطة للتدريس تهمل فيها الحدود التقليدية القائمة بين المواضيع المختلفة، وذلك بإقامة وحدات دراسية شاملة للتعليم تؤخذ من مختلف الحقول.

القسم الثاني

مصطلحات عربي - عربي

خريج:

الفرد الذي أتم على وجه مرضي متطلبات أحد البرامج التعليمية وحصل على دبلوم أو مؤهل دراسي.

منهاج الدراسات العليا:

درجة علمية في الدراسات العليا:

تعليم عال:

دراسات عليا:

شروط الدراسات العليا:

تحديد الحد الأدنى لإتمام أحد برامج التعليم والمؤهلات الأخرى الضرورية لمنح درجة علمية معينة عن طريق أحد المعاهد، ويحدد هذا الحد الأدنى في صورة مراحل دراسية أو إتمام دراسة مواد معينة أو النجاح في تأدية الامتحان الخاص بها.

الطريقة التكوينية:

طريقة للدرس أو البحث تستهدف كشف حقيقة حالة ما بتتبع نشأتها.

النابغة، العبقري:

شخص يتميز بمقدرة عقلية خارقة، وتبدو هذه غالباً في المقدرة الفائقة على الاختراع أو الإبداع وفي بعض المهارات الخاصة كالموسيقى أو النحت أو العلم الخ.

الجشتالت، المجال الكلي:

نظرية سيكولوجية في أساسها تذهب إلى أن إدراك الأشياء إنما ينصب على الشكل لا على العناصر والأجزاء.

طلبة موهوبون:

الطلبة الذين يمتازون بمواهب خاصة ذات مستوى عال أو بذكاء شديد، وتعد لهم عادة فصول دراسية خاصة.

الطريقة الكلية:

أهداف تربوية:

الأهداف التي يضعها المجتمع صراحة أو ضمناً للنظام التعليمي مع الأخذ في الاعتبار الأوضاع السياسية والثقافية والاقتصادية.

النمو:

عملية النضج التدريجي والمستمر، وزيادة حجمه الكلي أو أجزائه في سلسلة من المراحل الطبيعية، ويتضمن النمو تعبيراً كمياً وكيفياً، وهو الخصية المميزة للحياة، وغاية النمو هو النمو ذاته.

التوجيه التعليمي:

التوجيه الذي يهتم بتقديم المساعدة إلى التلاميذ والطلبة في اختيار نوع الدراسة الملائم لهم والتي يلتحقون بها والتكيف لها، والتغلب على الصعوبات التي تعترضهم في دراستهم في الحياة المدرسية بوجه عام.

التوجيه المهني:

عملية معاونة الفرد على اختيار مهنة تناسبه وعلى إعداد نفسه لها، وعلى الالتحاق بها وعلى التقدم فيها، على نحو يكفل له النجاح فيها والرضا عنها وعن نفسه والنفع للمجتمع.

صالة ألعاب:

الصالة التي تتوفر بها المعدات اللازمة لممارسة التمرينات البدنية.

مدرسة ثانوية:

يطلق هذا الاصطلاح على المدارس الثانوية بألمانيا التي تعد الطلبة للالتحاق بالجامعة.

الرياضة البدنية:

نظام للتدريب الرياضي يهدف إلى تقوية الجسم ومرونته بشكل متوازن.

الفصول الدراسية أثناء الإجازة:

الفصول الدراسية التي تنظم في المخيمات وغيرها من الأماكن التي يؤدي فيها الأفراد إجازاتهم.

الإجازات المدرسية:

الفترات التي لا تعمل فيها المدارس، وهي الأعياد المدرسية وإجازة نصف السنة وإجازة نهاية العام الدراسي.

الهواية:

نواحي النشاط التي تمارس أثناء أوقات الفراغ بعيداً عن الدراسة أو العمل الـذي يزاوله الفرد كالرياضة والقراءة وجمع الطوابع الخ. وذلك دون التماس مكافأة مادية بل تلبية لمطلب نفسي أو اجتماعي.

الدراسة المنزلية:

أية دراسة تتم بالمنزل خارج مواعيد الدراسة بالمدرسة أو المعهـد، وتتضمـن تأديـة واجبات دراسية.

التعليم بالمنزل:

التعليم الـذي يـنظم بـالمنزل لـلأولاد الـذين لا يسـتطيعون الحضـور إلى المدرسـة لسبب ما.

الوراثة:

العملية البيولوجية النظامية التي تنتقل بـه الخصائص مـن الأصـول إلى الفروع، ويتم ذلك عن طريق المورثات، أو حوامل الصـفات الوراثيـة طبقـاً لقوانين ثابتة، وقد تكون الوراثة فسيولوجية أو سيكولوجية، كما قد تكون صالحة أو مرضية.

المنهج التنقيبي:

تنظيم العمل بحيث يكتشف الطالب بنفسه القوانين والمبادئ العلمية، بدلاً مـن تعلمها عن طريق ما يلقي المدرس من معلومات، ويصلح هذا المنهج أساساً في تدريس العلوم.

تسلسل السلطة التعليمية:

تدرج السلطة وقنوات الاتصال الخاصة بها في نظام المعهد الدراسي أو الكلية.

التعليم العالي:

التعليم الذي يقدم للأشخاص الذين حققوا نضجاً فكرياً كافياً، وعادة يستلزم ذلك إعداد سابق عن طريق المدرسة الثانوية.

مخيمات العطلات الصيفية:

الأماكن الخلوية التي تقع على شواطئ البحار أو في المناطق الجبلية، وتقام عليها خيام أو تشيد أكواخ وتتيح للمشتركين فيها أن يحيوا حياة صحية حيث الهواء النقي والمعيشة البسيطة والبعد عن حياة المدن المعقدة.

الطريقة غير المباشرة:

إحدى طرق التعليم حيث يتم فيها تحقيق الأهداف النهائية عن طريق برامج دراسية غير مباشرة، وليس عن طريق برامج دراسية مباشرة.

الفروق الفردية:

التعليم الفردي:

خطة الدراسة الفردية:

تشريب المبادئ:

حث الأفراد على اعتناق المعتقدات، ومحاولة تثبيت أي مـذهب اجتماعـي أو سياسي أو اقتصادي أو ديني عن طريق التعليم، واستبعاد كل المذاهب المضادة بحيث تمنع أية مقارنة أو تقييم جديين.

الباعث، الدافع:

اتجاه الكائن قهراً أو بدون تفكير نحو نوع معين من النشاط، فهـو لا ينشـأ عـن باعث إرادي، ولكن عن أسباب انفعالية وعاطفية وعن بواعث لا تتمشى مع العقل.

عدم القدرة على التكيف:

حالة العجز الذي يرجع إلى أسباب بدنية أو عقلية عن تحقيق التكيف الملائم مع البيئة ومطالبها.

وقد يكون العجز عن التكيف عائلياً أو مدرسياً أو مهنياً.

الحافز:

كل ما يـدفع الفـرد إلى النشـاط الحـركي أو الـذهني لتحقيـق أغـراض أو أهـداف شعورية، مما يؤدي إلى خلق توتر يثير الفرد إلى المبادرة على إشباعها.

الميل، النزعة:

الميل الشعوري الذي يدفع الفرد إلى سلوك اجتماعي، ويعتبر الاتجاه أو الموقف ميلاً مكتسباً يوجه الفرد في ظروف معينة وجهات خاصة.

الدراسة المستقلة:

الطريقة الاستقرائية:

إحدى طرق الدرس أو المناقشة أو الحوار تبنى على النظر في الحالات الخاصة بغية التوصل إلى قاعدة عامة.

إحدى طرق التعليم تبنى على إعطاء المتعلم عدداً كافياً من الأمثلة الخاصة تمكنه من التوصل إلى قاعدة عامة أو مبدأ عام.

التعليم الصناعي:

الأشكال المتنوعة للتعليم الذي يهتم بالصناعة الحديثة والفنون الصناعية، والتعليم المهني والتدريب المهني في المدارس الخاصة بهذا النوع من التعليم.

عقدة النقص:

إخفاق الفرد في الحافز الفطري الذي يدفعه إلى الظهور والغلبة وبسط الشخصية إذا صادف من البيئة مقاومة تحول دون إشباعه.

التعليم غير الشكلي:

نواحي النشاط التعليمية والاجتماعية والثقافية والترويحية التي تقدم عن طريق الوسائل التعليمية المختلفة.

المعلومات التعليمية:

البيانات الصحيحة التي يمكن استخدامها بشأن فرص التعليم والتدريب المتاحة ومتطلباتها، وتتضمن مناهج الدراسة وشروط الالتحاق وأحوال ومشاكل الطلبة الخ.

خدمات الإعلام:

الخدمات التي تتضمن اختيار وجمع وتنظيم ونشر المعلومات التي يحتاج إليها الطلبة بما يؤدي إلى معرفة برامج التعليم والفرص التعليمية المتوفرة والشروط المطلوبة من الطالب للاستفادة من هذه الفرص.

المنع، الردع:

رقابة سلبية لمنع اتجاه معين في السلوك صادر عن شعور الفرد الداخلي الناشئ عن العرف أو الدين أو آداب السلوك.

المبادأة:

قيام الفرد مدفوعاً بنزعة استقلالية ببدء عمل أو سلسلة من الأعمال مع الابتكار أو بدونه.

إعداد المعلمين أثناء الخدمة:

توفير برنامج خاص للمعلمين الذين في سلك الخدمة سعياً وراء المزيد من الكفاءة والجدارة المهنية، وذلك في دورات صيفية أو صفوف مسائية أو حلقات أو مؤتمرات تربوية تناقش فيها مناهج التعليم ومشكلاته الخ.

الدكتوراة الفخرية:

درجة فخرية:

درجة جامعية تتضمن بعض الشخصيات البارزة في ميدان العلم أو الكشف، تقديراً لخدماتهم الجليلة أو جدارتهم الفائقة، وذلك دون إنجازها للمتطلبات الأكاديمية التي يشترط توفرها عادة للحصول على مثل هذه الدرجة.

العلاقات الإنسانية:

العلاقات التي تنطوي على خلق جو من الثقة والاحترام المتبادل والتعاون بين الأفراد.

الدراسات الإنسانية:

دراسة اللغات والآداب والتاريخ والفلسفة والاجتماع والقانون والموضوعات المماثلة، أي الدراسات التي تؤدي إلى فهم الحياة والسلوك والتجارب الإنسانية

المطابقة، التوحد:

اندماج شخصية الفـرد في شخصية آخـر تربطـه بـه روابـط انفعاليـة قويـة أو في شخصية جماعية ويحاول أن يتخذها مثلاً يحتذيه، ويتم بطريقة شعورية مما يؤدي إلى أن يأخذ الشخص عن هذا النموذج صفاته جميعاً السيء منها والحسن

الأمية:

عدم القدرة التامة على القراءة والكتابة لتلبية احتياجات الكبار في حياتهم

الخيال:

عملية تنظيم جديدة لمجموعة من الخبرات الماضية، بحيـث تتجمـع متسلسـلة متماسكة بينها كثير من العلاقات المختلفة التي تؤلف صوراً جديدة لم تكن موجودة من قبل.

المحاكاة:

انتقال الظواهر النفسية من شخص إلى آخـر، أي أن المحاكـاة هـي تقليـد لألـوان سلوك الغير، وإذا كانت الرغبـة في التقليـد صريحـة كـان التقليـد مقصودا، وإذا كانـت الرغبة غير صريحة أو لاشعورية كان التقليد غير مقصود.

العادة:

صيغة مكتسبة في السلوك كمهارة حركية أو نظرية أو طريقة في العمل أو في التفكير، وتتكرر العادة بحيث يتصرف الفرد بطريقة آلية مع السرعة والدقة والاقتصاد في المجهود.

تكوين العادات:

تتكون العادات بتكرار الحركات والأعمال اليومية، وتمتد إلى الحياة الفكرية والانفعالية والأخلاقية، وبذلك يكون اسلوب الشخصية عموماً نوعًا من العادة، ويقوم على جبلة الفرد بعد أن شكلتها وحددتها خبراته في الحياة.

تأثير الهالة:

ميل من شأنه تأثر الفرد عند قيامه بتقييم شخص آخر فيما يتعلق ببعض السمات بشعوره أو بانطباعه الشخصي بدلاً من تقديره الموضوعي.

دليل الطالب:

نشرة خاصة تتضمن معلومات عن الكلية أو المعهد، ومعدة للمعاونة في توجيه الطالب الجديد، وتتضمن بيانات عن منهاج الدراسة وتكاليفها والخدمات التي تقدم للطالب ومنظمات ونواحي نشاط الطلبة.

دليل المدرس:

كتـاب يحتـوي عـلى السياسـات والإجراءات والتعلـيمات التـي يجـب أن يتبعهـا المدرس.

المعوق:

الشخص الذي نقصت قدرته على أداء العمـل الـذي يقـوم بـه الشـخص السـوي، وذلك لعاهة بدنية أو عقلية.

ناظر مدرسة:

المدير المسئول عن إدارة المدرسة وحفظ النظام بها.

التربية الصحية:

جانـب التربيـة الـذي يتنـاول الحقـائق المتصلـة بالعـادات والاتجاهـات الصـحية لتحسين صحة الأفراد والبيئة.

ضعف السمع:

الحالة التي لا يتمتع فيها الشخص بوسيلة استقبال سليمة، فلا يمكنه تمييز الكلام ومتابعة الحديث العادي.

المدينة الجامعية:

مجموع المباني المخصصة لسكن طلبة إحدى الجامعات، وكذلك المرافق الملحقـة بها من مطاعم وملاعب الخ.

المشاهدة أو الاستماع الجماعي:

العمل مع الجماعات، خدمة الجماعة:

إحدى طرق الخدمة الجماعية، وتهدف إلى تهيئة فرص النمو السليم للأفراد في الجماعات التي ينتمون إليها، وتيسير اشتراكهم في تفاعل جماعي يكتسبون خلاله المميزات التي تجعل كلاً منهم مواطناً صالحاً في المجتمع الذي يعيش فيه.

رائد، أخصائي خدمة الجماعة:

الفرد المعد علمياً وعملياً للعمل في ميدان خدمة الجماعة، وهو المسئول في المؤسسة عن توجيه وإرشاد الجماعة، وطريقته في العمل هي التي تميز منهاج خدمة الجماعة عن أي منهاج تربوي آخر.

جمع، تصنيف:

عملية تصنيف الطلاب في الصفوف بغية تعليمهم.

مدرسة إعدادية:

مدرسة مخصصة للتلاميذ بين المرحلة الابتدائية والثانوية.

جماعة محرومة:

جماعة تعزوها الموارد أو الشروط الضرورية كالتغذية الكافية والمسكن الصحي والخدمات الطبية والتعليمية والحقوق المدنية التي تكفل لها مركزاً متكافئاً في المجتمع.

جماعة المناقشة:

اجتماع عدد صغير من الأفراد لدراسة ومناقشة بعض المسائل ذات الاهتمام المشترك تحت إشراف قائد للجماعة.

تعليم الجماعات:

عملية تعليم عدد من الأفراد نفس الموضوع وفي وقت واحد، كتعليم أعضاء الجماعة أدوارهم المختلفة، كما هو الشأن في فريق كرة القدم.

الطريقة الجماعية:

إحدى طرق التعليم وتقتضي أن يكون الدارس إيجابياً أثناء الدرس وليس سلبياً كالطريقة الإلقائية، وفي هذه الطريقة يستطيع الدارس أن يعبر عن ذاته وأن يبرز ما لديه من قدرات ومواهب خاصة، ويستطيع أن يتدرب على التفكير الناقد والاستنتاج.

ألعاب تربوية:

النشاط الذي يشترك فيه عدد من التلاميذ طبقاً لقواعد معينة للوصول إلى أهداف محددة، وذلك لإعدادهم للحياة المستقبلية حيث يتدربون على الوظائف الأساسية في الحياة.

المباريات الإدارية:

أسلوب في التدريب يهدف إلى خلق موقف تدريبي يشابه إلى حد كبير مواقف العمل الطبيعية التي يعمل فيها المدير، إذ تقسم

جماعة المتدربين إلى مجموعات صغيرة، وتقوم كل مجموعة بدراسة المشكلة المعروضة واتخاذ قرارات بشأنها.

ألعاب المحاكاة:

نواحي نشاط معدة بنوع خاص لإتاحة الفرص لممارسة بعض نواحي الحياة بإسناد بعض الأدوار للاعبين داخل إطار معين مما يمكن الطلبة من الاستيعاب الفعال للمعلومات بحيث يمكن تحقيق الأهداف المنشودة.

التعليم العام:

التعليم الذي يهدف إلى تنمية المعارف والقدرات والاتجاهات بما يتفق مع الحاجات الاجتماعية، ولا يعتمد في اختيار المواد الدراسية على أي نوع من أنواع التخصص التي تهدف إلى إعداد الطلبة للعمل في قطاع معين.

التعليم التكميلي:

التعليم الذي ينظم لبعض الوقت للشبان في بعض المعاهد التعليمية.

كما يقصد به التعليم الذي يعطى لاستكمال التعليم الذي تقوم به المدارس الابتدائية والثانوية ويتناول مجالات واسعة من التعليم ذو الطابع الثقافي أو الفني أو المهني.

التعليم الوظيفي:

التعليم الذي يهدف إلى التطبيق العملي بحيث يقوم الطالب بترجمة العلم إلى العمل.

محو الأمية الوظيفي:

التعليم الذي يهدف إلى أن يتعلم الدارسون الأشياء التي تساعدهم في حل مشكلاتهم في العمل والحياة، وتأهيلهم قبل التحاقهم بالعمل، أو عن طريق تدريبهم ورفع كفايتهم الإنتاجية في أثناء العمل.

علم النفس الوظيفي:

فرع علم النفس الذي يهتم بدراسة الوظائف النفسية.

التعليم الأساسي:

البرامج الدراسية التي تعتبر حداً أدنى أساسي في أحد مجالات الدراسة.

صناديق المنح الدراسية:

الهبات المخصصة لتقديم منح دراسية للطلبة المتفوقين.

أسرة بديلة:

أسرة تحتضن طفلاً أو أكثر من غير أبنائها، وتكون بديلة لأسرته الحقيقية فتكفل رعايته وحمايته وتوفير حاجاته المعيشية والنفسية بدون مقابل أو بأجر، وتقوم الأسرة البديلة برعاية

الأطفال الأيتام والأطفال الذين نبذهم آباؤهم الخ.

إطار:

هو الوحدة الأساسية التي يتركب منها البرنامج في نظام التعليم المبرمج، وقد تسمى خطوة أو بنداً، فعند صياغة المادة العلمية الى وحدات صغيرة جداً يكون كل منها إطاراً أو بنـدا أ أو خطـوة، وتـنظم هـذه الخطـوات بتـدرج متزايـد في الصعوبة وبتسلسل منطقي بحيث لا ينتقل الطالب إلى خطوة إلا إذا استوعب الخطوة السابقة.

التعليم المجاني:

التعليم الذي توفره الحكومة على نفقتها الخاصة ودون تكليف الطالـب أو أهلـه أدنى نفقة.

الإحباط:

الحيلولة دون الفرد وتحقيق رغبته المادية أو المعنوية سواء كان لهذه الرغبة مـا يبررها أم لا، ويصاحب ذلك ضرب من الحسرة وخيبة الأمل.

ويترتب على فشل الفرد في إشباع حاجاته، اتجاهه نحو سلوك عـدواني أو انطوائي أو التثبيت أو الانسحاب من الموقف.

تمويل التعليم:

المسائل المتعلقة بتوفير الموارد المالية وإنفاقها في التعليم وإدارة الشئون المالية بالمدارس والمعاهد.

التثبيت، الرسوخ:

يعني في التعليم تثبيت فكرة أو حركة بالتكرار، وقد يكون التثبيت سالباً أي تعلم اجتناب أنواع من النشاط لاقترانها بالعقاب، كما قد يكون موجباً أي تعلم اختيار أنواع من النشاط التي تقترن بالثواب.

ويعني بالتثبيت في التحليل النفسي التعلق بمرحلة مبكرة من التطور النفسي- الجنسي للفرد، أو بموضوع من تلك المرحلة، ويجعله ذلك عاجزاً عن التعلق بموضوعات جديدة أو تنمية اهتمامات جديدة، أو أن تكون له تكيفات جديدة.

السبورة الوبرية:

مواعيد مرنة:

جدول مواعيد يتيح فترات طويلة أو قصيرة أو متغيرة لمواجهة الاحتياجات المتنوعة للنشاط.

المجال الأساسي للدراسة:

الموضوع الأساسي الذي يقوم بدراسته الطالب باختيار عدة مقررات دراسية في هذا الموضوع.

المجال الثانوي للدراسة:

موضوع الدراسة الذي يقوم بدراسته الطالب باختيار بعض الموضوعات تقل عن موضوعات المجال الأساسي للدراسة من حيث العدد والتركيز.

العمل الميداني:

الدراسة التي تتم على الطبيعة في موضوع معين حيث يقوم الطالب بـدور فعال لزيادة إدراكه لهذا الموضوع.

فيلم تعليمي:

الفيلم الذي يتم إخراجه بهدف التعليم والتدريب، حيث يستطيع عبر المشاهدة الحية بالعين وعبر السمع بالأذن أيضاً أن يحـول المفاهيم والنظريات إلى مـادة تدرك بالبصر والسمع.

الشرائح الشفافة:

شرائح فيلمية إيجابية تعرض عن طريق الفانوس السـحري. وهـي مـن المعينـات السمعية البصرية التي تستخدم في التعليم والتدريب.

طريق التنسيق، الطريقة التوفيقية:

إحدى الطرق الفلسـفية التـي تـؤدي إلى تعمـيم حقيقـة مـا بنـاء علـى الأسـلوب التأليفي، أي الربط بين نتائج دراسات علمية مختلفة بقصد امتحان صحتها علـى ضـوء نمط أو مبدأ اسمي، وامتحان صحة هذا النمط أو المبدأ في الوقت نفسه، وإدخال تعديلات

مؤقتة أو فرضية عليها.

الذكاء:

القدرة على التحليل والتركيب والتمييز والاختيار، وعلى مواجهة المواقف الجديدة بنجاح، أو حل المشكلات الجديدة بابتكار الوسائل الملائمة لها.

الذكاء المجرد:

القدرة على استخدام المفاهيم والرموز المجردة في ميدان التفكير النظري أو في معالجة المواقف الجديدة استخداماً فعالاً، وتتضمن القدرة على التعميم والمهارة في التفكير النظري غير الآلي.

متوسط الذكاء:

متوسط جماعة الممتحنين الحاصل من قياس ذكائهم أو نضجهم العقلي.

التعليم الجماعي:

نهج في التعليم يفسح المجال أمام أعضاء الصف للإسهام في وضع تصميم الدروس والاشتراك في النقاش وسواه من نشاطات الصف، تمييزاً له عن التعليم الذي يكون فيه المعلم الفاعل الوحيد بينما يكون الطلاب منفعلين نسبياً.

التعليم التكميلي:

التعليم الذي ينظم للكبار الذين يرغبون في تجديد معارفهم أو دراسة موضوعات يحتاجون إليها في عملهم على أساس الدراسة بعض الوقت.

الأدوات التعليمية:

أية أدوات تستخدم لتحقيق الأهداف التعليمية، وتتضمن الكتب وأدوات القراءة التكميلية والوسائل السمعية البصرية كالتعليم بالتليفزيون والراديو.

مدرس جامعي:

مدرس يعمل بالجامعة مكلف بإلقاء الدروس ولم يبلغ بعد مرتبة الأستاذية.

التدريب على الوظيفة:

التدريب الذي يهدف إلى معاونة الأفراد الذين يرغبون الالتحاق بوظيفة معينة بتزويدهم بالمهارات اللازمة لهذه الوظيفة.

جريدة الحائط:

لوحة تستخدم في المعاهد الدراسية كأداة لعرض بعض الموضوعات والبيانات التي تهم الطلبة.

الصحافة المدرسية:

أنشطة النشر التي يقوم بها طلبة أحد المعاهد العليا أو الكليات، ويتضمن ذلك إعداد الصحف والمجلات والكتب السنوية الخ.

معهد عال إعدادي:

المدرسة التي يتلقى فيها الطلبة سنتين للدراسة بدلاً من أربعة.

مدرسة الأحداث العالية:

مدرسة تكون حلقة الاتصال بين نهاية المرحلة الابتدائية وأول المرحلة الثانوية.

مقابلة المتابعة:

المقابلة التي تتم بين الموجه والطالب فيما بين وقت التحاقه بالمعهد وقبل تركه له بهدف تقييم التقدم الذي احرزه الطالب ولإعداد الخطط الخاصة بمستقبله.

طريقة المقابلة:

طريقة تتبع في الاجتماعات التي تعقد بين الموجه والطالب وتستهدف استدراج الحديث نحو قضية أو مشكلة شخصية ودون استنطاق الطالب مباشرة، وتهتم كذلك بتوجيه ذهن الطالب نحو حل مشكلته.

الانطواء:

ظاهرة نفسية تتميز بميل الفرد لتوجيه سلوكه وفقاً للعوامـل الذاتيـة والعـزوف عن الحياة الاجتماعية.

قائمة الصفات الشخصية:

اختبار أو قائمة تقدير تضم قدرات الفرد أو الصفات الشخصية أو الميول.

طريقة المعمل:

إجراء تعليمي يحدد بمقتضاه سبب وأثر وطبيعة وخواص أية ظاهرة سواء كانت اجتماعية أو سكولوجية أو طبيعية عن طريق التجربة العملية أو إجراء التجربـة تحت الرقابة.

تعليم العمال:

البرامج التعليميـة التـي تقدم لأعضاء نقابـات العـمال في الكليـات والجامعـات وتتصل بالنشاط النقابي كما قد تتضمن بعض الفنون كتنظيم الاجتماعات والخطابة الخ.

مدرسة عمالية:

مدرسة مخصصة للعمال، وهي عادة عبارة عن معهد تديره المنظمات النقابية.

اللغة:

وسيلة الاتصال المباشر بين البشر عن طريق الألفاظ والأصوات الوصفية العرفية التي تدل على المعاني وتختلف باختلاف العصور والشعوب.

قدرة لغوية:

المعرفة القبلية:

المعرفة التي تكتسب بالحدس أو بالتفكير المجرد تمييزاً لها عن الحقائق التي تكتسب بالاختبار والتجربة.

المعرفة البعدية:

المعرفة التي تأتي من التجربة وتستند إليها.

المعرفة الوظيفية (العملية):

المعرفة التي يمكن استخدامها وتطبيقها.

المعرفة التي تكون ذات فائدة مباشرة خلافاً للمعرفة التي يشك في فائدتها.

معرفة النتائج:

المعلومات التي يعرف بمقتضاها في التعليم المبرمج عما إذا كانت الاستجابة صحيحة، وعما إذا كان قد تم تحقيق التقدم، فإذا كانت استجابة الدارس صحيحة يستمر في البرنامج، وإذا لم تكن صحيحة يخطر بذلك.

درس إذاعي:

برنامج في الراديو أو التليفزيون يهدف إلى التعليم ويتطلب إجراءات مـن حيـث الإعداد والاستماع والمتابعة.

الدرس الاستنتاجي:

درس نموذجي أو تطبيقي:

درس نموذجي يقوم به معلم خبير في شئون التعليم أمام الطلاب الذين يستعدون لمهنة التعليم فيستفيدون منه ويحاولون النسيج على منواله.

الدرس الاستقرائي:

خطة الدرس:

ملخص للخطوات الرئيسية أو النقاط الهامة مرتبـة بالشكـل الـذي سـتعرض بـه، يعدها المدرس مقدماً فيما يتعلق بنواحي النشـاط التعليميـة التـي تجـري خـلال مـدة الفصل، وتعتبر بمثابة مرشد للإجراءات التي تتبع.

تربية حرة:

التربية العامة الشاملة (الثقافة العامة) تمييـزاً لهـا عـن التربيـة المتخصصـة التـي تستهدف التخصص المهني، وهي التربية التي تعد للحياة لا لكسب المعيشة.

وتعطى هذه التربية في المدارس الثانوية الأكاديمية وكليات الآداب والفنون الحرة.

حرية التعليم:

الحق المعترف به في معظم دساتير البلاد الديموقراطية بأنه يمكن لأي فرد ان يقيم مدرسة للتعليم.

مكتبة المدرسة:

المكان الذي تشرف عليه المدرسة والمخصص لأيداع وتداول وقراءة الكتب والدوريات التي يستخدمها الطلبة.

درجة الليسانس:

إحدى الدرجات الجامعية، وتمنح عادة بعد إتمام أربع سنوات دراسية في إحدى الكليات أو المعاهد التي تشرف عليها الجامعة.

التعليم المستمر:

نظام شامل للتعليم يعاد فيه التفكير في مراحل التربية الأولى واللا حقة للكبار بحيث يمزج بين العمل والفراغ والتربية وتتدرج على مدى الحياة.

الفانوس السحري:

إحدى الوسائل التعليمية، يمكن عن طريقها عرض الشرائح المصورة فتظهر أكثر واقعية.

سن الرشد:

السن الذي يكتمل فيه نضوج الشخص البدني والنفسي- والاجتماعي، ويستكمل فيه أهليته ومسئوليته، ويحق له أن يدير

شئونه الخاصة ويمارس حقوقه المدنية.

عدم التوافق، سوء التوافق:

عدم قدرة الفرد على التوافق بينه وبين بيئته الطبيعية والاجتماعية مما يؤثر على حالته الانفعالية وسلوكه ويولد أنواعاً مختلفة من الصراع النفسي.

سوء التكيف العاطفي:

حالة يؤدي فيها اضطراب عواطف الفرد إلى انتفاء الانسجام في علاقاته الشخصية أو إلى الاضطراب في استجابته للعالم الواقعي.

التمارض:

ادعاء المرض الذي يلجأ إليه بعض الطلبة للتهرب من المدرسة.

الطريقة المنطقية:

يقصد بها بصفة عامة الإجراء الذي تصاغ بمقتضاه التعميمات من البيانات الملاحظة أو الوصول إلى النتائج الجزئية من المقدمات العامة المسلم بها.

ويقصد بها في التعليم عملية اختيار وترتيب المواد وغيرها والتي بمقتضاها تعرض أولاً من وجهة نظر الأخصائي في الموضوع أبسط عناصر موضوع الدراسة، ثم تضاف العناصر الإضافية بطريقة منهجية لبناء مركب بأكمله، ولا تأخذ هذه الطريقة في الاعتبار الفروق الفردية بين الطلبة.

تلميذ دون المتوسط:

التلميذ الذي يحصل في الاختبارات على ٤ درجات من ١٠ أو ما بين ٨ إلى ١٠ درجات من ٢٠ درجة.

البرنامج الخطي:

أحد أنواع البرامج في التعليم المبرمج، ويقوم على أساس تقسيم المادة التعليمية إلى مجموعة من الخطوات الصغيرة والمرتبطة (إطارات) ويعرض كل إطار معلومة صغيرة على الطالب ويطلب منه أن يستجيب استجاب ظاهرة. وعندما يستجيب الطالب تقدم له فوراً الاستجابة الصحيحة لكي يقارنها مع إجابته، ثم يسير الطالب في هذا الخط من تنظيم المادة التعليمية حسب سرعته الخاصة.

علم اللغات:

العلم الذي يتخذ موضوعاً لدراسته اللغة كنسق مستقل ومتطور، ويدرس طبيعة اللغة في ذاتها وأصواتها الملفوظة Phonology وأصواتها المسموعة Phonotics وبنائها Structure وقواعدها Syntax.

الإلمام بالقراءة والكتابة:

القدرة على القراءة والكتابة، وعلى وجه التحديد القـدرة عـلى القراءة والكتابـة بمستوى السنة الرابعة الابتدائية، ويستخدم هذا الاصطلاح عند مقارنة قدرة الأفراد على القراءة والكتابة بمستواهم الاجتماعي والاقتصادي.

حملات محو الأمية:

العمليات المخططة للتأثير على الرأي العام لحثه على تأييد برامج محو الأمية عـن طريق لفت النظر وإثارة الاهتمام وإعطاء المعلومات والحث على العمل.

التعليم الوظيفي:

العملية التي تأخذ بيد الإنسان باعتباره منتجاً، وتعينه على تنمية قدراتـه لزيـادة إنتاجه، وذلك عن طريق تدريبه في ميدان عمله، وخلال تدريبه يدوياً لإكسابه مهارات أفضل تفتح ذهنه ليـتفهم مـا يفعلـه، ويـدرك الجانـب النظـري وراء عملـه، وفي نفس الوقت يتعلم القراءة والكتابة والرسم والحساب باعتبارها جـزءاً لا يتجزأ مـن عمليـة اكتساب المهارة الفنية والوصول إلى مستوى أفضل من الناحية الإنتاجية.

عبء الطالب:

عدد المقررات الدراسية أو الساعات الدراسية المسجل من أجلها الطالب.

عبء المدرس:

مقدار الأعباء الملقاة على عاتق المدرسين في اليوم أو في الأسبوع من حيث عدد ساعات التدريس وأعمال الإشراف والتصحيح الخ.

سجل النشاط:

تسجيل النشاط في مجال معين مثل الألعاب بعد اليوم المدرسي، والزيارات للمكتبة وغيرها.

طريقة المحاضرة:

إجراء تعليمي يحاول بمقتضاه المحاضر إثارة الاهتمام والتأثير والحث على التفكير الخلاق أو بث النشاط عن طريق الرسالة الشفوية مع أقل مساهمة ممكنة عن طريق الوسائل التعليمية كالصور والخرائط والمعينات البصرية الخ.

تشريعات التعليم:

مجموع القوانين واللوائح الخاصة بالتعليم وبتنظيم المعاهد التي تقوم بنشره في بلد ما.

أنشطة أوقات الفراغ:

نواحي النشاط التي يبذلها الفرد في أوقات فراغه، وقد تكون إيجابية كالرياضة البدنية والهوايات أو سلبية كالتردد على المقاهي.

التعلم اللفظي:

اكتساب المهارات اللغوية الضرورية للاستجابة في الأحوال التي تتطلب الإفصاح عن الرأي.

التعلم بالطريقة الكلية:

طريقة تعلم وحدة كاملة بشكلها الكلي من بدايتها إلى نهايتها، بمراجعتها تكراراً من أولها إلى آخرها بدلاً من تعلمها جزءاً جزءاً. ويقابل هذه الطريقة طريقة التعلم بالتجزئة.

المحاضرة:

طريقة للتعليم يعطى بمقتضاها المدرس شرحاً شفوياً للحقائق أو المبادئ، ويكون الطلبة مسئولين عن اتخاذ مذكرات، كما تتضمن عادة مساهمة محدودة من الطلبة كالأسئلة أو المناقشة خلال المحاضرة.

طريقة المحاضرة المصحوبة بالعرض:METHOD

إجراء تعليمي يستخدم فيه بجانب الرسالة الشفوية الأدوات لشرح الموضوع ولتحديد الحقائق وتوضيح الجوانب الصعبة.

الاضطراب الانفعالي:

استجابة انفعالية كأن يكون الانفعال غير متوقع أو متوقع أو مستمراً لفترة أطول مما ينبغي، أو فجائي الظهور بالنسبة لطبيعة الموقف المثير وأهميته، أو ضعيفاً جداً بالنسبة للموقف.

الاتزان الانفعالي:

قدرة المرء على إنجاز كل ما يطلب إليه في أية حالة أو وضع دون اضطراب نفسي، وقدرته على التكيف الشخصي والاجتماعي بدون عناء نفسي شديد.

التقمص الوجداني:

قدرة الفرد على تقمص مشاعر الآخرين، أي فهم دور شخص آخر أو القيام به، دون أن يفقد هذا الفرد شعوره بذاته، فتعرف الأم بداهة حاجات ومشاعر طفلها الرضيع الذي تكون على اتصال به.

توعية، تنوير:

نشر الحقائق والمعارف على أفراد المجتمع لتغيير سلوكهم وأسلوب حياتهم.

برامج تقوية أو تعزيز:

التركيز الشديد للخدمات والأدوات التعليمية نحو الأطفال والمناطق الفقيرة.

عقدة إلكترا:

رغبة مكبوتة من جانب البنت نحو أبيها وبالتالي غيرتها من أمها، وهي رغبة جنسية محرمة.

تعليم ابتدائي:

مدرسة ابتدائية:

الانفعال:

الانفعالات هي الحالات الوجدانية المركزة التي تكون مصحوبة باضطرابات عضوية بارزة تشمل أجهزة الجسم العضلي والدموي والنفسي والغددي.

التكيف العاطفي:

الرقابة الفعالة للانفعالات وإظهار الاستجابات الطيبة والملائمة لمواقف الحياة، أي الاستقرار في الاستجابات العاطفية.

التربية التقدمية أو المتجددة:

الاتجاه التربوي الذي يؤكد أن سبيل التعلم الأفضل هو ترك الطالب على سجيته ليتعلم من نشاطه الهادف، ومراعاة الفروق الفردية في الرغبة والقابلية والحرية الضرورية لبلوغ هذه الأهداف.

التربية التي تقوم على اقتباس طرق جديدة ناجحة بدلاً من الطرق التقليدية.

التعليم الخاص بالعمل:

التعليم الذي يهدف إلى تنمية الاتجاهات الإيجابية نحو العمل.

تعليم العمال: الإسراع التعليمي:

التقدم التربوي الأسرع من العادي الذي يتحقق برفع الطالب من صف إلى آخر متخطياً ما بينهما، أو بتدريس مناهج مكثفة.

العمر التعليمي:

المستوى العلمي للطالب كما تحدده اختبارات التحصيل مترجماً بوحدات زمنية.

التعليم اللامنهجي:

الأنشطة والبرامج التي تنظم خارج نطاق النظام المدرسي، ولكن توجه نحو أهداف تعليمية محددة.

التعليم خارج المدرسة:

التعليم الذي يتم عن طريق المؤسسات والبرامج للشباب خارج المدرسة، ونواحي النشاط التي تمارس خارج المنهج للملتحقين بالمدارس.

التربية البدنية:

البرنامج الذي يقوم على ممارسة نواحي النشاط التي تساعد على تدرب الجسم وتطويع أعضائه وتزويده بالمهارات العلمية بطريقة صحيحة.

الإعداد السابق للتأهيل المهني:

برنامج تعليمي ينظم في المدارس الابتدائية أو الثانوية يزود الطلبة بمعلومات عامة عن الصناعات والفنون المختلفة بهدف توجيه الطلبة لتمكينهم من اختيار المهنة الملائمة وليس لإعدادهم لمزاولة مهنة معينة.

التعليم الخاص بمرحلة الطفولة المبكرة:

تعليم الأطفال الذين في سن ثلاث سنوات تقريباً.

معينات إيضاح:

بعض المعينات البصرية التي يدخل فيها السبورة بأنواعها والملصقات واللوحات، أي التي تعتمد على البصر وحده.

الطريقة التوفيقية:

الطريقة التي تجمع بين عدة أساليب تعليمية ولا تقتصر على أسلوب واحد.

قابلية التعلم:

مقدرة الفرد على الاستفادة من التعلم، وعلى تكييف نفسه وفقاً لظروف الحياة المتجددة، ويرتبط ذلك بدرجة نمو الفرد.

بطالة المتعلمين:

عدم توافر فرص العمل للأفراد المتعلمين القادرين على العمل والراغبين فيه والباحثين عنه.

التربية:

أنواع النشاط التي تهدف إلى تنمية قدرات الفرد واتجاهاته وغيرها من أشكال السلوك ذات القيمة الإيجابية في المجتمع الذي يعيش فيه حتى يمكنه أن يحيا حياة سوية في هذا المجتمع.

والتربية أوسع مدى من التعليم الذي يمثل المراحل المختلفة التي يمر بها المتعلم ليرقى بمستواه في المعرفة في دور العلم.

العلم الذي يبحث في أصول تنمية الفرد ومناهجها وعواملها الأساسية وأهدافها الكبرى.

تعليم الكبار: التربية المستمرة:

استمرار عملية التربية طوال حياة الفرد لتمكينه من التكيف مع التغيرات المستمرة و الدائمة، وتشمل جميع جوانب الحياة بما في ذلك نمو الفرد من النواحي العقلية والجسمية والمهنية فضلاً عن النواحي الاجتماعية والاقتصادية والسياسية.

وتقوم بهذا التعليم المدارس والكليات حيث تقدم البرامج المرنة بدلاً من البرامج التقليدية والأكاديمية، وكذلك عن طريق وسائل الاتصال الجماهيرية.

رسالة، أطروحة:

أطروحة ذات طابع رسمي تقوم على بحث أصيل كأحد متطلبات درجة الماجستير أو الدكتوراة.

انفصام أو انحلال الشخصية:

في علم النفس خلل عقلي ينتج عنه خروج مجموعة من الأفكار عن نطاق الشخصية الواعية من جراء الكبت بحيث لا يدركها إذ ذاك التذكر أو الوعي.

علم دراسة الامتحانات:

دراسة علمية تجرى للامتحانات والمباريات لتحسين أوضاعها ولتقويم نتائج التعليم.

المناقشة الجماعية:

طريقة الاشتراك في عمل جماعي تحت إشراف رئيس في مناقشة مشاكل ملحة للحصول على اهتمام المشاركين في المناقشة أو لاتخاذ قرارات.

أسلوب التعليم القائم على المناقشة:

أحد أشكال التعليم المدرسي الذي يتم فيه بحرية تبادل الأسئلة والآراء عن موضوعات يشترك في الموافقة عليها الأساتذة والطلبة.

النقل، الإزاحة:

في التحليل النفسي انتقال خبرة وجدانية من موضوع تعلقها الأصلي إلى موضوع جديد، كربط الكراهية التي كانت موجهة أصلاً للأب بالمدرس أو برئيس العمل، وربط الحب الذي كان موجهاً أصلاً للأبناء بالحيوانات الأليفة.

التشخيص التعليمي:

التعرف على طبيعة ومستوى قدرة الطالب أو مهارته.

التعليم بعد التشخيص، فصول الملاحظة:

العملية التي يوضح بمقتضاها للتلاميذ فرص التعليم المتاحة على أساس حاجاتهم وأهدافهم الفردية.

الأسلوب الجدلي:

طريقة للتعليم مبنية على السؤال والجواب، يحاول فيها السائل استدراج محدثه للإفضاء بما لديه من معلومات، وتقييم سلامة تفكيره على ضوء أجوبته (الطريقة السقراطية).

الجدل:

منطق جديد يواجه منطق أرسطو، يقوم على الحركة بدلاً من الثبات أو الاختيار النقدي للمبادئ والمفاهيم من أجل تحديد معناها والفروض التي ترتكز عليها ونتائجها الضرورية.

فن التعليم:

أصول وقواعد التعليم، وقد كان هذا المصطلح يستخدما فيما مضى، غير أنه قد بطل استعماله.

الفروق الفردية:

اختلاف الناس في مستوياتهم العقلية والمزاجية والبيئية، وهي تمثل الانحرافات الفردية عن المتوسط الجماعي في الصفات المختلفة.

الاجتهاد:

الكـد والحـماس في الدراسـة، ومـما يسـاعد عـلى ذلـك العمـل داخـل جماعـات والتشجيع الخ.

المناظر المجسمة:

وسـيلة تعليميـة بصريـة تظهـر الموضـوع في قالـب مجسـم تتمثل فيه عناصره المختلفة، فتتجمع بطريقة خاصة، داخل إطار معين يعرف باسم الصندوق.

وغالباً ما تروي المناظر المجسمة قصة أو طرفاً من تاريخ أو توضح عادات وتقاليد مجتمع ما، أو بعض مظاهر الحياة من تجارة أو صناعة أو زراعة الخ.

دبلوم:

المستند الرسمي الذي تمنحه مؤسسة تعليمية لإثبات إتمام دراسة معينة.

ديموقراطية التعليم:

السياسة التي تهدف إلى تحقيق المساواة في فرص التعليم بهدف نشره.

ديموجرافية التعليم:

طرق الدراسة الكمية للأفراد الذين في سن التعليم ونسبتهم لعدد السكان، وعدد المدرسين الخ.

طريقة العرض:

إحدى طرق التعليم التي تعتمد إلى حد كبير على اطلاع المتعلم على أداء نموذجي يجب أن يحاكيه، وذلك بعرض الأشياء أو الأفعال التي تتصل بالموضوع.

مدرب عملي:

الشخص الحائز على خبرة وقدرة تربوية ويقوم بتلقين المتدربيين على المهارات العملية التي يحتاجون إليها.

حيلة دفاعية:

إجراء لا إرادي أو لا شعوري يلجأ إليه الفرد لحماية نفسه من شعور مرتبط بموقف كريه للغاية مادي أو فكري متكرر الحدوث، ومن الحيل الدفاعية الإزاحة والإسقاط والكبت والتعويض والتسامي الخ.

درجة جامعية عن طريق الانتساب:

الدرجة الجامعية التي يحصل عليها الطلبة المنتسبون للجامعة والذين قاموا بالدراسة خارج الجامعة معتمدين على أنفسهم.

درجة علمية في الدراسات العليا:

درجة علمية تمنح بعد أن يقوم الطالب بإتمام المقرر الدراسي في مجال تخصصه.

العلامة السيئة:

علامة تشير إلى سوء سلوك الطالب او رداءة عمله.

المنهاج الكلاسيكي:

سلسلة منظمة من الدروس التقليدية أو المواد المطلوبة للتخرج من المدرسة، وتشمل عادة على دراسات في اللغات القديمة.

سلسلة من الدراسات الإنسانية ودراسة اللغتين اليونانية واللاتينية التي سادت في العصور الوسطى.

المنهج الأساسي:

جانب المنهج الذي يجب أن يقوم بدراسته جميع الطلبة بصفة أساسية.

المنهاج الوظيفي:

منهاج يهدف إلى مواجهة مشاكل التكيف مع الحياة.

منهاج الدراسات العليا:

منهاج دراسي يؤدي إلى الحصول على درجة جامعية.

منهاج متكامل:

منهاج يركز على مشاكل الحياة أو مجالات الدراسة الواسعة.

المنهاج الذي يدور حول المشاكل:

منهاج يحفز فيه التعليم عن طريق عرض مواقف تحدي تحتاج إلى حل.

منهاج نظري:

منهاج تخطط فيه نواحي النشاط التعليمية حول معارف أو موضوعات كالتاريخ
أو الرياضيات الخ.

العادات، العرف:

العادات ليست إلا أنماط للسلوك الجماعي التي تنتقل من جيل إلى آخر، وتستمر
فترة طويلة حتى تثبت وتستقر إلى درجة اعتراف الأجيال المتعاقبة بها وقد تقوم العادة
في بعض الأحيان مقام القانون في المجتمع.

خطة دورية:

طريقة لتنظيم المنهاج المدرسي يقسم بموجبها إلى وحدات من العمل، ترتبط كل
وحدة منها بعمل مهني معين ويفرد لها وقت خاص. وتتصل هذه اللوحة اتصالاً وثيقاً
بعمل الطالب في المواضيع المدرسية الأخرى وبانتقاله من وحدة إلى أخرى.

مقرر دراسي مهني:

مقرر دراسي يتضمن أشغال عملية في موضوع فني لإعداد الطالب لإحدى المهن.

التفكير الخلاق:

تفكير ذو نتائج خلاقة جديدة وليست روتينية.

الإبداع، الابتكار:

عملية ينتج عنها عمل جديد يرضي جماعة ما، أو تقبله على أنه مفيد، ويتميز الإبداع بالانحراف عن الاتجاه الأصلي، والانشقاق عن التسلسل العادي في التفكير إلى تفكير مخالف كلية.

ويتمثل الإنتاج الإبداعي في الأدب والموسيقى والتصوير والاختراع الخ.

شهادات تقدير:

الشهادة التي تبين أن الطالب الذي أتم دراسة منهج معين قد نجح في المواد الخاصة بهذا المنهج مع توضيح الدرجات التي حصل عليها.

مقرر دراسي قصير:

مقرر دراسي أقل مدة وشكلية من المقررات الدراسية التي تنظمها الكليات والجامعات.

مقرر دراسي نظري وعملي:

المقرر الدراسي الذي يقوم فيه التلميذ الصناعي ببعض الوقت في ممارسة العمل، وبعض الوقت في الدراسة.

مقرر دراسي خاص:

مقرر دراسي يهدف إلى مواجهة وحاجات وقدرات مطالب معينة.

مقرر دراسي نظري:

مقرر دراسي يؤكد فيه التعليم على المعرفة والفهم لا على المهارات كدراسة التاريخ.

مقرر دراسي استعراضي:

مقرر يهدف إلى إعطاء فكرة عامة عن موضوع ما، ويكون غالباً وسيلة لعرض موضوع جديد على الطلاب قبل الإقدام على التخصص فيه، أو تزويد الطلاب بالمفاهيم العامة الشاملة في مجال أو ناحية ما لا ينوون التخصص فيها.

التعليم بالمراسلة:

دليل التعليم بالمراسلة:

مدرسة التعليم بالمراسلة:

مدرسة تقوم بالتعليم عن طريق المراسلة، أو عن طريق المراسلة والراديو والتليفزيون.

الدراسة بالمراسلة:

الدراسة التي تتم بالمراسلة مع استخدام الكتب والملخصات وغيرها من الوسائل، ويتم بها تصحيح إجابات الطلبة وإجراء امتحانات لها في نهاية البرامج.

دليل الدراسة بالمراسلة:

مجموعة من التعليمات وتحديد الواجبات لإرشاد الطالب في الدراسة بالمراسلة.

الدراسة بالمراسلة الخاضعة للإشراف:

نظام يتلقى بمقتضاه المعهد أو قسم الخدمة العامة بالجامعة المواد الدراسية التي
ترسل بالمراسلة وتخصص أوقات معينة لإرشاد الطلبة عند قيامهم بالإجابة على الأسئلة
التي تعاد إلى مركز المراسلة لتصحيحها وتقييمها.

الإرشاد:

إبداء الـرأي في مسائل معينة لتوضيحها بما يساعد في اتخاذ قرار بشأنها، أو
محاولة مرشد مساعدة آخر لحل مشاكله، ومن ذلك الإرشاد التربوي والإرشاد المهني
والإرشاد الاجتماعي.

توجيه تعليمي:

جانب التوجيه الذي يعنى بصفة خاصة بنجاح الطالب وبحياته الدراسية ومده
بالإرشادات لاختيار أحسن برنامج للدراسة طبقاً لقدراته واهتماماته وظروفه العامة.

التركيز:

المبدأ الذي يهدف إلى التنسيق بين مختلف مواد الدراسة حول هدف مركزي،
وذلك بعكس المبدأ الذي يقرر استقلال البرامج الدراسية الخاصة بكل فرع.

حصر الانتباه أو الجهد وتوجيهه نحو موضوع معين.

الإدراك العقلي:

المعرفة التي لا تدرك مباشرة بالحواس، ولكنها نتيجة لإعمال الفكر.

الفعل المنعكس الشرطي:

الاستجابة المباشرة التي يقوم بها عضو رداً على منبه جديد غير المنبه الطبيعي أو الأصلي لهذه الاستجابة.

سلوك موجه:

سلوك موضع تقدير أو موجه على ضوء الأعراف أو المستويات والمبادئ الخلقية.

العقدة النفسية:

خبرة أو فكرة مكبوتة كبتاً كلياً أو جزئياً، لا تبرح تؤثر في التفكير والسلوك على الرغم مما أصابها من الكبت والنسيان.

المجمعات التعليمية:

مجموعة من الخدمات التعليمية مقامة مع بعضها البعض لتلبية احتياجات فئات من الطلبة مختلفة السن.

الإنشاء:

تعبير كتابي عن الفكر والمشاعر، وهو من أهم أهداف تعليم اللغة الوطنية.

الفهم، الإدراك:

عملية الإدراك القائم على الذكاء أي القدرة على فهم الأشياء أو المواقف أو الحوادث.

التعليم الإلزامي:

التزام الآباء بإرسال أطفالهم إلى المدارس الابتدائية ابتداء من

السن المحددة للالتحاق بهذه المدارس ولمدة التعليم الإلزامي المقررة بمقتضى القانون.

المعرفة، الإدراك:

العملية التي يدرك بمقتضاها الفرد ويفسر ما يحيط به، ويتضمن ذلك التفكير والتذكر والتمثيل والتعميم والحكم.

البنيان الإدراكي:

البنية التي يرى بها الفرد العالم الطبيعي والاجتماعي بكل ما فيه من حقائق ومدركات وعقائد، ونمط تفاعل بين هذه الأشياء.

النظرية الإدراكية:

نظرية في التعلم تقرر أن ما نتعلمه هو بنيان إدراكي، لا مجرد استجابة لمثير ما، وأن التعلم هو إعادة للبنيان الإدراكي للفرد.

كلية:

إحدى مؤسسات التعليم العالي تقوم بتدريس منهج دراسي في العلوم أو الفنون ولها سلطة إعطاء درجات علمية.

وقد تكون الكلية أحد الأقسام الرئيسية للجامعة، ويلتحق بها الطلبة بعد إتمام الدراسة الثانوية.

كلية مسائية:

مؤسسة مستقلة أو وحدة تتبع كلية أو جامعة تقوم بتنظيم فصول ليلية لصالح الطلبة الذين يدرسون بعض الوقت أو غير النظاميين، وقد تمنح أو لا تمنح درجات علمية.

كلية عمالية:

مركز دراسي تنشئه النقابات لأعضائها لتدريس المناهج الدراسية التي تفيد العمال كالاقتصاد وعلم الاجتماع والتاريخ ومشاكل النقابات الخ، وقد لا تقتصر الكلية العمالية على النقابيين وتقبل جميع العمال الذين يهتمون بالدراسات التي تقدمها.

مدرسة مجانية:

مركز اجتماعي:

مؤسسة محلية توفر مكاناً للاجتماع وتسهيلات لاستثمار أوقات الفراغ وغيرها من الأنشطة.

تنمية المجتمع:

عملية تعبئة وتنظيم جهود أفراد المجتمع وجماعاته، وتوجيهها للعمل المشترك مع الهيئات الحكومية بأساليب ديموقراطية لحل مشاكل المجتمع ورفع مستوى أبنائه اجتماعياً واقتصادياً وثقافياً ومقابلة احتياجاتهم بالانتفاع الكامل بكافة الموارد الطبيعية والبشرية والفنية والمالية المتاحة.

التربية الاجتماعية:

العملية التي يكتسب بمقتضاها الأطفال الشعور بالاندماج في مجتمعهم، وتنمية المشاركة في الأنشطة التي تدعو الحاجة إليها لحل المشاكل الاجتماعية.

٨٠	* مدرسة رسمية او عامة
٨٠	* درجة التحصيل
٨١	* الحركة الكشفية
٨١	* سكرتير المدرسة
٨١	* التعليم العلماني
٨١	* قبول انتقائي
٨١	* التعلم الانتقائي
٨١	* النشاط الذاتي
٨٢	* واع بذاته
٨٢	* الضبط الذاتي
٨٢	* الانضباط الذاتي
٨٢	* تعلم ذاتي
٨٢	* الاشغال العلمية
٨٣	* المحاكات
٨٣	* المهارة
٨٣	* مهارة اساسية
٨٣	* التربية الاجتماعية
٨٣	* الدراسات الاجتماعية
٨٤	* علم الاجتماع التربوي
٨٤	* الطريقة السقرطية
٨٤	* التربية الخاصة
٨٤	* مقرر دراسي خاص
٨٤	* التقديم الذاتي
٨٥	* مركز التعليم الذاتي
٨٥	* التعليم الذاتي
٨٥	* المسئولية الذاتية
٨٥	* حلقة دراسية
٨٥	* طريقة الجملة
٨٦	* العاطفة
٨٦	* الدورة المدرسية
٨٦	* التربية الجنسية
٨٦	* الاستعداد المدرسي
٨٦	* اللائحة الداخلية للمدرسة
٨٧	* الخدمات الاجتماعية المدرسية

١٠١	* مساعد استاذ
١٠١	* علم النفس التربوي
١٠١	* المراهقة
١٠١	* التعليم الرسمي
١٠٢	* كتاب الطلبة
١٠٢	* التلميذ
١٠٢	* مسرح العرائس
١٠٢	* الطريقة الطبيعية
١٠٢	* الطبع والتطبيع
١٠٣	* دراسة الطبيعة
١٠٣	* الحاجة
١٠٣	* الحاجة التعليمية
١٠٣	* حاجات الطالب
١٠٤	* السلبية
١٠٤	* الصحيفة المدرسية
١٠٤	* الطريقة الموضوعية
١٠٤	* التعليم الموضوعي
١٠٤	* المشاهدة الملاحظة
١٠٥	* طريقة الملاحظة
١٠٥	* المعلومات المهنية
١٠٥	* التدريب خارج العمل
١٠٥	* التدريب العلمي
١٠٥	* فرص التعليم
١٠٦	* فصول الاستدراك
١٠٦	* ندوة نقاش
١٠٦	* جمعية الاباء والمدرسين
١٠٦	* التعلم بالتجربة
١٠٧	* فصل بعض الوقت
١٠٧	* طالب بعض الوقت
١٠٧	* الطريقة التربوية
١٠٧	* الاساليب التربوية
١٠٨	* علم التربية
١٠٨	* طريقة الجملة
١٠٨	* التربية البدنية